D1724278

Basler
Stadtbuch
2007

www.basler-stadtbuch.ch
Die Online-Chronik – Tag für Tag, seit 1882

Basler
Stadtbuch
2007

128. Jahr | Ausgabe 2008
Christoph Merian Stiftung (Hg.)

Christoph Merian Verlag

Beraterinnen und Berater der Redaktion

Dr. Rolf d'Aujourd'hui

    Bodenforschung, Urgeschichte

Prof. Dr. Thomas Bürgi

    Bildung und Erziehung

Yolanda Cadalbert Schmid

    Gewerkschaften, Arbeitnehmer/innen

Pierre Felder

    Schulen

Christian Fluri

    Theater, Musik

Dr. Rudolf Grüninger

    Städtisches

Barbara Gutzwiller-Holliger

    Wirtschaft, Arbeitgeber

Dr. Daniel Hagmann

    Geschichte

Stella Händler

    Film, Video

Ulrike Hool

    Wirtschaft, Handelskammer

Dr. Eric Jakob

    Regio, Partnerschaft

Marc Keller

    Einwohnergemeinde, Stadtplanung

Frank Linhart

    Wirtschaft, Gewerbe

Daniel Müller

    Bürgergemeinde

Dr. Xaver Pfister

    Kirchliches, Religion

Alban Rüdisühli

    Architektur

Andreas W. Schmid

    Sport

Andreas Schuppli

    Riehen, Bettingen

Hans Syfrig

    Universität

Dr. Jürg Tauber

    Basel-Landschaft

Redaktion

Matthias Buschle

Dr. Beat von Wartburg

Impressum

Xenia Häberli, Basel/Luzern

    Fotos (ausser die im Bildnachweis aufgeführten)

Ulrich Hechtfischer, Freiburg i. Br.

    Lektorat

hartmann bopp, Basel

    Gestaltung

Andreas Muster, Basel

    Lithos

Birkhäuser + GBC AG, Reinach/BL

    Druck

Grollimund AG, Reinach/BL

    Einband

Bibliografische Information der Deutschen Bibliothek:
Die Deutsche Bibliothek verzeichnet diese Publikation
in der Deutschen Nationalbibliografie; detaillierte bibliografische Daten sind im Internet über http://dnb.ddb.de
abrufbar.

© 2008 Christoph Merian Verlag

ISBN 978-3-85616-368-6

ISSN 1011-9930

Ein Unternehmen der Christoph Merian Stiftung

Als lebendige Dokumentation und farbige Chronik
widerspiegelt das Basler Stadtbuch die Meinungsvielfalt
in unserer Stadt. Nicht alle in diesem Buch enthaltenen
Beiträge müssen sich deshalb mit den Ansichten der
Herausgeberin und der Redaktion decken. Verantwortlich
für ihre Artikel zeichnen die Autorinnen und Autoren.
Die Herausgeberin

Inhalt

Editorial

Schwerpunktthema:
Basle oder Basel? Die Stadt, das ‹Global Village› und der Alltag

Wirtschaft und Region

Stadt und Gesellschaft

Kultur

Wissenschaft und Bildung

Archäologie und Geschichte

Chronik

Anhang

Basle oder Basel?

Editorial

Liebe Leserin, lieber Leser

War es nicht das Ereignis des Jahres 2007? Paris war in Basel! Ja, die Paris – Paris Hilton. Die Hotelerbin kam zur Uhren- und Schmuckmesse und präsentierte dort ‹ihre› neueste Kollektion. Und dabei musste sie natürlich auch ein paar Worte sagen. Sie wurde auf ein Sofa gesetzt und antwortete auf die Frage eines Journalisten, wie es ihr gehe: «I'm happy to be in Zurich.»

Gut, dem Jetset mag man einen solchen Fauxpas verzeihen, und zugegeben, dieser Besuch war sicher nicht das Ereignis des Jahres, aber es ist doch eine Anekdote, die nicht passender für unseren diesjährigen Schwerpunkt und ein weiteres Themenfeld sein könnte: zum einen ‹Basle oder Basel. Die Stadt, das ‹Global Village› und der Alltag›; zum andern ‹Warum wandern immer mehr Baslerinnen und Basler nach Zürich ab?›.

Die internationale Gemeinschaft in Basel wird durch die Zuwanderung von Fachkräften aus allen Teilen der Welt immer grösser, und die Lingua franca ist Englisch. Die ‹English Community› hat eigene Schulen, Kirchen, Theatervorstellungen … Ihre Stimme wird langsam, aber sicher unüberhörbar. Im ersten Teil des Stadtbuchs gehen wir der Frage nach, was denn der Unterschied zwischen dem englischsprachigen Basle und dem deutschsprechenden Basel ist – ausser den beiden vertauschten Buchstaben. Fünf Autorinnen und Autoren schauen auf die Stadt aus unterschiedlichen Perspektiven. Alle fünf haben den Alltag im Focus: Wie sollen die Kinder erzogen werden? Wie arrangiere ich mich mit der fremden Sprache, die ich in keiner Schule lernen kann? Wie kann ich meinen religiösen Gewohnheiten weiter nachkommen? Wo treffe ich Gleichgesinnte? Wo gehe ich auswärts essen? – Auch im viel beschworenen ‹Global Village› sind letztendlich die Alltagsfragen die beherrschenden.

Dass immer mehr Baslerinnen und Basler nach Zürich auswandern, ist eine Tatsache. Die Frage bleibt: warum? Die Fotografin Xenia Häberli hat die Baselflüchtlinge in Zürich besucht. Sie personalisiert das Phänomen in einer Fotostrecke. Der grösste Teil der Fotografien im Stadtbuch stammt in diesem Jahr von Xenia Häberli. Wir sind sehr glücklich, dass das Konzept mit nur einer Stadtbuchfotografin/einem Stadtbuchfotografen funktioniert – Reaktionen auf die Ausgaben der letzten beiden Jahre bestätigen dies. Die Bilder geben dem Stadtbuch ein Gesicht und steigern den Wert des Buches als Zeitdokument. Wir möchten Xenia Häberli herzlich für ihre Arbeit danken. Danken möchten wir auch dem Lektor Ulrich Hechtfischer und den Gestaltern Dieter Bopp und Lukas Hartmann für Sorgfalt, Witz und Zuverlässigkeit.

Die Herausforderung ‹Stadtbuch› kann nur gemeistert werden, wenn viele Schultern es tragen. Unser Dank gebührt im Weiteren unseren Beraterinnen und Beratern. Sie standen uns wieder mit Themenvorschlägen, Anregungen und Kritik bei. Besonderer Dank gilt Max Pusterla, der unser Gremium mit diesem Jahr verlässt, begrüssen möchten wir für den Themenkreis Sport herzlich Andreas W. Schmid. Dann gab es noch eine Neuerung: Rudolf Grüninger vertritt neu nur noch den Themenkreis Städtisches, für die Bürgergemeinde begrüssen wir neu Daniel Müller.

Und eine letzte Änderung: Die Redaktion wird ab 2008 nur noch von Matthias Buschle betreut. Beat von Wartburg, der das Stadtbuch von 1991 bis 2004 allein und seit 2005 zusammen mit Matthias Buschle redigiert hat, tritt als Redaktor zurück. Er wird als Leiter der Abteilung Kultur der Christoph Merian Stiftung zusammen mit Oliver Bolanz, dem neuen Geschäftsführer des Christoph Merian Verlags, und dem Redaktor Matthias Buschle einen Redaktionsausschuss bilden, der künftig die Vorschläge der Beraterinnen und Berater prüfen, bearbeiten und umsetzen wird.

Nun bleibt uns, Ihnen – liebe Leserin, lieber Leser – viel Vergnügen bei der Lektüre zu wünschen.

Matthias Buschle, Beat von Wartburg

PS: Die englische Sprache war früher schon Thema im Basler Jahrbuch, wenn auch mit einer anderen Gewichtung. So findet sich in unserer Chronik folgender Eintrag:

«4. November 1897 – Dr. Fritz Baur, Basler Jahrbuch 1899

Der erste populäre Vortrag des Winters (Prof. Adolf Socin über Jeremias Gotthelf und die Politik) kommt in eine bereits mit Vorträgen reich gesegnete Zeit: am vorhergehenden Tage hat der erste Vortrag eines Polyglotten-Cyclus stattgefunden, in dem die Lehrer an der obern Realschule Beaujon, Cadorin, Hay und Voegtlin auf Französisch, Italienisch, Englisch und Deutsch literarische Themata behandeln.»

Die Chronik finden Sie auch online unter www.basler-stadtbuch.ch.

Schwerpunktthema:
Basle oder Basel? Die Stadt, das ‹Global Village› und der Alltag

«Basle, an amazingly vibrant protestant Swiss-German speaking city located right on the frontier between Switzerland, France and Germany is the country's main non-aerial freight hub.

The Rhine runs through it, establishing a port of entry for goods coming from Rotterdam. Home of the Swiss pharmaceutical industry (Novartis and Roche), this culturally lively city is also a center for modern art dealers. The fact that people there are very open to foreigners comes as no surprise. All the more so because children are given for their birthday a little wallet with three compartments, one for Swiss francs, one for French francs and one for Deutsch marks.»

So steht es auf einer – zugegebenermassen nicht mehr sehr aktuellen – Internetseite (http://switzerland.isyours.com/e/swiss-business-guide/Basle.html; Zugriff: Februar 2008).

Aber wie sieht der Alltag für Englischsprechende in Basel wirklich aus? In unserem Schwerpunkt gehen fünf Autorinnen und Autoren dieser Frage nach.

Enjoy! English Experiences With Language in Basel

Memories from an Immigration

Paul Jenkins

An unexpected passion for dialect

My knowledge of German was rudimentary when we arrived in 1969. I first came on leave to translate German-language missionary reports from 19th century Ghana for Ghanaian historians, and a dose of jaundice just beforehand had given me some weeks of peace to put together a 1,000-word reading vocabulary for this very specialised field. But taking part in German conversation (or shopping in the Migros in German) was still largely beyond me. And thus when I had the job of delivering my wife to meet a friend in the Market Place very early one wintry morning in 1970 and then of hurrying back to our children who were still in bed (our neighbours knew I would be away for half an hour or so) I had no idea of what was actually happening. I found myself trying to walk back up the Spalenberg just before 4 a.m. that day and being completely blocked by hundreds of people rushing down. And then the lights went out. There was a sort of roar from thousands of voices and hundreds of drums, and two huge masked figures, dimly lit by something like candles, marched directly at me, gesturing aggressively with their large staves.

At that stage of my life I had worked in West Africa for seven years. I had heard complicated drumming going on in the distance most weekend evenings, though I had never been close enough to a group of drummers for them to want to run me down before. But in our part of Africa there were no masks. So, faced with this unexpected experience taking place in a strange city in total darkness I was seized with real panic. More important: in a split second my picture of Basel as a city following an Anglophone model like that of, say, a more prosperous Manchester or Bristol, or a city where pious sponsors of Christian missions set the tone, was shattered and displaced by a storm of impressions obviously radiating outwards from the city's real heart.

Fortunately, the skills you learn finding your way around one exotic culture serve for the next one you experience. So I hung around in the background, seeing more clearly by daylight or when the street-lights were on in the evening just what was going on when

Basel celebrates its *Fasnacht*. And the worst of the shock of foreignness was replaced by understanding gradually that it was quite acceptable also for foreigners to join the trains of spectators 'in civilian clothes' marching behind a *Fasnacht* clique and its music. It was one way, in the worst of the crowds, to move from A to B – just look for a group moving in the right direction and tag along. It was, much more importantly, an opportunity to listen to the whole repertoire of a large or small group of *Fasnacht* musicians as they went through the streets. Some of the most lyrical experiences of my whole life have come walking along behind a small group of high quality piccolo-players and/or drummers, threading their way along the Untere and Obere Heuberg, especially on the *Fasnacht* Tuesday evening, when the excitement of the Monday morning has calmed down, and when the frenetic enjoyment of the last hours on Wednesday night and the *Ändstraich* is still far away. Indeed I have decided that *Fasnacht* Tuesday evening in the narrow streets of the old city, with hundreds of piccolo players and drummers on the march, is a true foretaste of heaven. You have a beautiful town re-echoing with music, which, though disorganised, comes together, even with the brasher sounds of *Guggemuusig*, to a great harmony. And the atmosphere is not one of disinhibition and drunkenness. Rather it is a festival with a truly heavenly happiness-with-us-as-we-are, pointed up by the irony which is at the heart of *Fasnacht* humour.

For this two-way appropriation – by me of the *Fasnacht*, and by the *Fasnacht* of my particular heart and soul – was not over yet, and was to have a strong linguistic side. Sometime during the first two or three *Fasnachts* I was in Basel I saw a short broadcast on Swiss TV of the masked carnival singers, the *Schnitzelbänggler*, individuals or small groups producing 4- or 6- or 8-line verses with enormous skill and creativity in their visual and acoustic presentation, and – judging by the huge delight of people listening to them who understood dialect – making as I now know sarcastic, sardonic, surrealistic comments on life in the city, in Switzerland and in the world. Although I had vaguely wanted to be able at least to understand conversations in Swiss German taking place around me at work, learning to understand dialect became a real existential urgency when I realised there was such a thing as *Schnitzelbangg* humour. (Later on I experienced the same passion when I heard Mani Matter, a Chansonnier, singing in the Bernese dialect.) We bought the gramophone records of the *Schnitzelbängge* each year for several years, and wore them almost smooth with repeated listening. I would ask my children (who, of course, learned *Schriftdeutsch* and Dialect much faster than I did) to explain each song – if the joke turned out to be within their horizon of understanding, of course. And that is how I learned to understand dialect. I still don't speak it – I have enough trouble keeping my *Schriftdeutsch* up to scratch. But I love the feeling that I can slip into a Swiss conversation and understand what is going on (at least, I do as soon as I have picked up what the theme is). Though there are Swiss friends who are emotionally incapable of speaking dialect to someone replying in *Schriftdeutsch*.

That is the story of a magnetic storm which smashed my presuppositions about the city, taught me (as far as I could learn the lesson) that there were accepted ways in Basel for a foreigner to move towards its unknown heart, gave me a determination to learn the people's language and enjoy the panoply of dialects which dominates spoken language here. That magnetic storm shifted my compass so far from an orientation to the 'BBC' or 'Le Monde' or 'El Pais' that nowadays I would deny passionately that I have been wasting time learning and enjoying the local dialect when, if I had time to spend on another language, I could have been learning – say – some other major European or Asiatic tongue. I am now at peace with the knowledge that it is only in the heaven up above that one will be able to speak all the languages one might want to speak. Here below for someone resident in Basel getting to understand dialect is a key step to understanding the world you are actually in – and that, as I say, can well give you a feel for a sort of heaven here below, during Basels *Drei scheenste Dääg*.

Children, schools and real culture

The place of English among the ambient languages and dialects of Basel has changed acutely with the coming of International Schools offering both primary and secondary education in English. Before they were founded Anglophone families in Basel had only two alternatives – to send their children away to a boarding school where the teaching was in English, or to have them go to school in German in the Basel state schools. Nowadays, on the tram to Aesch, you can find yourself sitting among whole shoals of kids speaking English or American on their way to school. Something new is happening nowadays which may develop into the existence of an English-speaking Basel community like that of the Italian or Spanish immigrants, though, one suspects, speaking less German than they do.

My wife and I were determined not to be forced into sending our children away to school. And we were, in any case, no friends of 'third culture' schools – where children grow up neither in their home culture, nor in the culture of the people around them. One reason for moving away from our posts in West Africa was the difficulty of squaring that particular circle in Accra. And so we found ourselves, one fine morning in 1972, sitting in the back of a classroom on the Schützenmattstrasse watching our oldest daughter's first lesson in a Basel primary school.

My memories of that morning are still extraordinarily powerful. We found a neat classroom and a teacher who had created a framework of relationships in which the children seemed remarkably relaxed, but also ready to work. He punctuated the serious stuff by picking up his mouth-organ and getting them to sing to its accompaniment. We realised, as the weeks went by, what a good place a Basel primary school was for learning German – all the children had to be introduced to *Schriftdeutsch* and even for those from Basel families it was a semi-foreign language. But the teaching method we saw and

admired that first morning was applied to 'mental arithmetic' – *Kopfrechnen*. Instead of the barren process of listening to a teacher calling out sums whose answers were scribbled down on pieces of paper to be handed back marked the next day, the children laid their heads down on the desks and shut their eyes. The teacher called out a series of small sums – 7 plus 3, perhaps, the result divided by 2, and that result multiplied … and so on. Perhaps there were ten calculations to do, one after the other. At the end the teacher collected all the final answers the children had in their heads («What was your answer? Who agrees with that?»). Then he went back and called up one child after another. Each had to remember a step in the calculation in the right order, and the answer was discussed till everyone had got it right. I was astonished at this combination of a friendly atmosphere and a real, but unthreatening, mental discipline at a level the children could manage, and indeed enjoyed. Rightly or wrongly I felt the ghost of Pestalozzi was not far distant…

Naturally, our experience of Basel schools was mixed – like that of parents everywhere. One thing we saw at first hand impressed us with its rightness – the way the schools would wait till children showed a real readiness to learn to read, so that reading as a skill was mastered very quickly, and few of them were left, disappointed and frustrated, by the wayside. But we tended to feel, as the years went by, that creativity was not stressed enough, and my wife – a scientist – was astonished that in our experience in those days pupils were learning science from the blackboard and so little in the lab. But looking back I feel that a Basel education, complemented by my wife's excellent sense for what children at different ages would want to read in English, was as good a recipe as you will find anywhere. There was the school education providing a real command of basic skills. And there was the Anglophone family, offering alternative and broader systems of knowledge and thought. One major point which I see now but which I did not anticipate at the time was that education in German in Basel gave our children when they grew up the advantage of strong, developed social networks among people living here, rather than scattered round the globe.

So we are happy our children went to Basel schools. (What they themselves think is another question, of course.) And if we were to go through that phase of life again under the conditions which prevailed then there is only one thing I would do differently – I would invest much more effort than I did in making sure that at the beginning my children had someone they liked, who met them regularly to talk one-to-one about learning German. It turned out later that our oldest daughter had had more of a struggle than we realised, and that at 7 or 8 she no longer had the full spontaneous facility of her younger sisters to learn a language by listening and having a shot at imitating it. But that morning in her first Basel primary school classroom remains etched in my memory. A neat classroom, the teacher's clear but non-intrusive organisation, his friendly conviction that what they were doing together was important and done in a way that the children could enjoy and appreciate. And not least the delightful music. Although her German was only very rudimentary at the beginning, we remember our daughter going to school willingly day by day. Attracted, I would say now, by a classroom and a teacher which, together, made up true *Kulturgut*, an expression of a real, humane, grass-roots Basel culture.

And our children's English nowadays? It is more or less impeccable, though one or two small things – voice melodies, especially – mark them out in Britain as not quite indigenous. What we saw as the experiment of a bilingual childhood seems to have worked out. We were probably too much aware that the experiment might fail, in which case we thought we would have to break off our own histories in the city to spread a linguistic safety-net in Britain under whichever child was involved. But, of course, millions and millions of children grow up bi- or even multilingually in the world, and it was mainly our massively monolingual background which prompted us to think about contingency planning for the worst case.

Now we watch with interest the developments in our next Anglo-Swiss generation. Our two married daughters speak English to their children, while their Swiss husbands use dialect. So far so good, and I must admit we have a thinly concealed delight at the smiles around us when we show off, travelling in buses and trains in Switzerland with our younger grandchildren. We do not moderate our voices as they speak to us in dialect, and we speak to them in English, and it is clear that each side has almost perfect comprehension of what the other is saying.

As for our own linguistic future: modern neurology has, it seems, found out that you have special 'language centres' in your brain for languages you learn as an adult and really practise in daily life. So we will probably end our lives in Basel. If I am in England, lose my English 'language centre' and speak only German, people will, I am afraid, think I have lost my marbles. But if we stay in Basel and I lose my German 'language centre' I am sure there will be enough people around to understand the simple needs of an old man expressed in English – and perhaps younger friends who like visiting us to practice mordant English humour ...

International Schools in Basel

Mehr als ein Leben aus dem Koffer

Thomas Bürgi

Die Welle rollt an. Ein Auto nach dem anderen fährt vor und lädt Jungen und Mädchen aus. «Hi Mikael!», «Hello Mandy!», «See you mum!». Ein *busy day* an einer International School beginnt.

‹Expatriates› – kurz: ‹Expats› – leben im Ausland. Sie kommen aus der Ferne, entsandt von Firmen, die sich von ihrem Einsatz das Beste erhoffen. Sie sind Teil der Globalisierung. ‹Expats› haben einen Job zu erledigen, Expertenwissen zu vermitteln, einen Prozess zu gestalten und zielorientiert zu Ende zu bringen. Sie veranschlagen zwischen einem und fünf Jahren im Ausland. Manchmal bleiben sie für immer.

‹Expats› suchen das Abenteuer. Und sind froh über Sicherheiten. Sicherheit bietet das, was man kennt, das Verlässliche, Berechenbare. ‹Starbucks› etwa, als *third place*, als dritter Ort neben dem Zuhause und dem Arbeitsplatz. Den gewohnten Kaffee trinken, auf den gewohnten Sofas fläzen, den identischen Soundteppich begehen, *wireless* im Internet stöbern. Der Stamm der Starbuckianer trifft sich in Manchester, in New York, in Sydney, in Stockholm – oder aber in Basel.

‹Expats› wollen Lebensqualität. Kunst, Kultur und Savoir-vivre. Sie sind auf Lernen eingestellt. Wie werden Sitzungen gestaltet, Traktanden abgearbeitet? Wie baut man sein Netzwerk auf? Wie begegnet man den Nachbarn? Trägt man Geschenke von Tür zu Tür? Wie bekommt man einen Internetanschluss? Wo findet der Partner oder die Partnerin einen Job oder einen Studienplatz für den Master of Business Administration (MBA)?

Lernen sollen auch die Kinder. Beste Berufs- und Lebenschancen erhalten. An und in der Andersartigkeit wachsen. Gleichwohl in Englisch unterrichtet werden und in dieser Sprache kommunizieren. Das Dilemma bleibt. Man spielt auswärts, auf fremdem Terrain. Der Erfolg wird sich dennoch zu Hause einstellen müssen. An den Universitäten, an denen schon Mum und Dad den Grundstein ihrer Karriere legten.

Private International Schools haben Hochkonjunktur. Wichtig sind den ‹Expats› eine inspirierende Lernumgebung, andere *bright kids*, fachlich und interpersonell kompetente

Lehrpersonen. Sie sind bereit, dafür zwischen 14 000 und 29 500 Franken pro Jahr auszugeben. Der Sohn oder die Tochter soll gefördert und gefordert werden. Aula, Mensa, Mediothek, Turnhallen und Aussensportanlagen sind ein Muss. Beste Labors und IT-Infrastruktur mit Computer und Wireless LAN nicht wegzudenken. Unabdingbar ist der Zaun, der das Schulgelände abgrenzt und Schutz verspricht.

Basel verfügt mittlerweile über zwei International Schools. Ein bedeutsamer Standortvorteil für eine Metropolregion, die sich als ‹World-Class in Life Sciences›[1] versteht, und die auf Plakaten nicht ohne Stolz auf die Dichte ihrer Nobelpreisträger verweist. «Basel has possibly more Nobel laureates per capita than any other city in the world.»[2]

Mit der 1979 gegründeten International School Basel (ISB) wurde gleichsam der Traum vieler amerikanischer ‹Expatriates› in Basel wahr. Familien aus den USA, Dänemark und England legten den Grundstein dafür. Nach der jahrelangen Nutzung von Schullokalitäten in Bottmingen und Basel zog die ISB im Jahr 2002 auf den neu errichteten Campus Reinach. 2007 wurde ein zweiter Campus in Aesch bezogen. Die Bauten in Aesch alleine kosteten rund 32 Millionen Franken. Ohne die Unterstützung von 22 international ausgerichteten Firmen wie Novartis, Syngenta und anderen wäre ein solcher Kraftakt nicht zu vollbringen gewesen. Die ISB ist eine Aktiengesellschaft, an der all diese Firmen direkt beteiligt sind.

941 Schülerinnen und Schüler vom Vorkindergarten bis zur Maturität wurden im Schuljahr 2005/06 an der ISB unterrichtet, 1100 waren es ab Frühling 2007, 1400 könnte die ISB insgesamt aufnehmen. Hans Kilchenmann, Vorsitzender des ISB-Verwaltungsrats, hat dafür viele Jahre lang gekämpft. Stolz verweist er auf das grosse Wachstum, die hohe Qualität der Ausbildung.

Rund um die ISB in Reinach hat sich ein Cluster von Häusern gebildet, die von ISB-Kindern und ihren Eltern, vorwiegend US-Amerikanern, bewohnt werden. Eine ‹Community›, die sich mit vielen anderen Eltern zweimal wöchentlich einfindet zu den *Coffee mornings* mit der Rektorin oder dem Rektor. *A home away from home.*

Von den 941 Schülerinnen und Schüler des Schuljahres 2005/06 aus über 70 Nationen hatten 221 einen britischen Pass, 160 einen amerikanischen. 91 Kinder und Jugendliche stammten aus der Schweiz, 46 aus Deutschland. Für Kilchenmann ist die Fokussierung auf die englische Sprache und die angelsächsische Kultur wichtig. Nichts solle verwässert werden, betont er. Andere wichtige Sprachen seien selbstverständlich als Schulfächer im Angebot. Unterrichtssprache in allen anderen Fächern sei und bleibe aber Englisch.

Das Curriculum der ISB ist unter anderem von der International Baccalaureate Organization (IBO) in Genf akkreditiert, die weltweit anerkannte Standards für Lehrpläne von International Schools vermittelt. Dies erleichtert den Schülerinnen und Schülern den Wechsel des Schulortes von Kontinent zu Kontinent.

Der 20-jährige Shankar Yayaram, der heute in England studiert, erklärt im Rückblick, die ISB als bereichernd erlebt zu haben. Mit der schweizerischen Gesellschaft, in der er und andere Studierende gelebt hätten, habe er indessen viel zu wenig Kontakt gehabt – eigentlich wisse er so gut wie gar nichts über sie.[3]

Einen etwas anderen Weg hat die Swiss International School Basel (SIS) eingeschlagen. Sie bietet Kindern von 3 bis 16 Jahren – das Altersspektrum soll bald auf bis 18-Jährige erweitert werden – eine besonders anspruchsvolle Form der Integration an. Die SIS setzt auf ihrem Campus an der Erlenstrasse im Kleinbasel, inmitten eines von Multikulturalität geprägten Quartiers, auf konsequente Zweisprachigkeit Deutsch und Englisch.

Die SIS begann 1999 unter dem Namen Minerva Schulen mit bilingualem Unterricht. Seit 2003 konnte sie mithilfe des Kantons Basel-Stadt ihr Angebot schrittweise ausbauen. Heute ist die SIS Vollmitglied beim European Council of International Schools und erfüllt seit 2006 alle Auflagen der University of Cambridge International Examinations. Die Lehrpläne von Kindergarten und Primarschule entsprechen sowohl den Anforderungen des National Curriculum von England und Wales als auch denjenigen des Kantons Zürich. In der Sekundarstufe I bietet die SIS das Programm des International General Certificate of Secondary Education (IGCSE) an. Am Ende des 10. Schuljahres erwerben die Schülerinnen und Schüler mit dem IGCSE die Mittlere Reife.

2007 erteilte die University of Cambridge International Examinations der SIS die Berechtigung, die englische Maturität (A/AS Level) anzubieten. Das zweijährige Diploma Programme der IBO wird 2009 eingeführt, wodurch der weltweite Zugang zu Universitäten sichergestellt wird.

Mit ihrem besonderen Sprachrahmen deckt die SIS die Bedürfnisse der ausländischen und schweizerischen Familien ab, in deren Wahrnehmung wirkliche *cultural awareness* und Interkulturalität nur über unterschiedliche Sprachen und damit verbundene Denkweisen vermittelt werden kann. Die Eltern wünschen für ihre Kinder folgerichtig eine zweisprachige Ausbildung, den Austausch und das gegenseitige Voneinander-Lernen. Sie nehmen dafür erhöhte Anforderungen in Kauf. Zielstandards des lokalen schweizerischen Bildungswesens sind ebenso zu erreichen wie die Anbindung an internationale Ausbildungsgänge.

Rund 250 Kinder aus über 25 Herkunftsländern üben sich an der SIS in Basel darin, spontan und situationsgerecht alle Kommunikationskompetenzen der deutschen und der englischen Sprache einzusetzen. Aufwand und Anstrengung sind beträchtlich. Ab Klasse 4 wird überdies Französischunterricht angeboten, viele Kinder sprechen in ihrer Familie eine oder zwei weitere Sprachen.

Tom Huber, Schulleiter der SIS, unterstreicht die strategische Bedeutung des Standorts. Dieser werde eine «markante Aufwertung erfahren», wenn in den nächsten Jahren direkt neben der Swiss International School das neue Erlenmattquartier mit Familienwohnungen und einem grossen öffentlichen Park entsteht.

Ob ausschliesslich in englischer Sprache, ob bilingual Deutsch und Englisch: Die wachsenden multikulturellen ‹Communities of Learning› an den International Schools signalisieren, dass Basel sich verändert. Und dass Bildung im Prozess der Internationa-lisierung ein Schlüsselgut darstellt. Darauf verweisen auch die 15 Studierenden an der amerikanischen Lassalle University, die ihr Programm auch in Basel anbietet, sowie die stolze Zahl von 110 Managerinnen und Managern, die das englischsprachige Edinburgh-Business-School-MBA-Programm an der Fachhochschule Nordwestschweiz, Hochschule für Wirtschaft (FHNW) in Basel absolvieren. Sie alle wollen definitiv mehr als bloss ein Leben aus dem Koffer.

Anmerkungen

1   So der Titel des ‹first basel metro report›, ohne Jahr.

2   www.basel.ch

3   Welcome to the ISB. Verlagsbeilage der Basler Zeitung vom 17. September 2007, S. 5.

System Patchwork

Der American Women's Club Basel

Benjamin Herzog

Auf Ashleys[1] Schoss ruht ein halb fertiger Quilt. Ihr Mann arbeitet in der chemischen Industrie. Die Familie bewohnt ein Haus in Binningen. Die Kinder gehen in die International School in Reinach. «Als Amerikanerin ist man im Ausland verloren», sagt sie. Die anderen Frauen der Patchworkgruppe nicken.

Zum Glück gibt es den American Women's Club. Für Frauen in Basel. Und für Frauen in Zürich, Bern, Lausanne und Genf. Oder in Düsseldorf, London, Bogota. Für amerikanische Frauen. Oder für solche, die mit einem Amerikaner verheiratet sind. Selbst Nicht-US-Bürgerinnen sind willkommen, wenn sie – so die Statuten – «einen Bezug haben zu den USA». Wie zum Beispiel Michèle. Michèle ist Schweizerin und wurde in Basel geboren. Sie studierte Amerikanistik in St. Petersburg. Nicht im russischen St. Petersburg natürlich, sondern in der gleichnamigen Stadt in Florida. Später zog sie nach Hawaii. «Die Hawaiianer sind die Schweizer von Amerika», sagt sie. «Offen und multikulturell. Es gibt dort sogar Berge, die wie der Schweizer Jura aussehen.» Michèle lebt heute wieder in Basel. Das mit den Bergen mag stimmen. Doch als besonders offen werden die Schweizer nicht empfunden. In einem vom American Women's Club veröffentlichten Buch, ‹Living in Basel›,[2] heisst es: «Although friendly and hospitable, Baslers are somewhat reserved with strangers.»

«Zum Glück gibt es den American Women's Club». Das sagt Samantha. Sie ist ebenfalls in der Patchworkgruppe am Montagnachmittag. Während sie kleine Papierdreiecke auf Stoffe klebt, die mit Blumen und in Streifen gemustert sind, erzählt sie: «Die meisten von uns sind nicht gewohnt zu reisen, wir verstehen kein Schweizerdeutsch, manche sprechen nicht einmal Deutsch. Da ist es unglaublich wichtig, jemanden zu finden, der die gleiche Erfahrung gemacht hat.» Der Pharmakonzern Novartis hat ihren Mann für zwei Jahre nach Basel verpflichtet. Für Samantha, die aus dem Bundesstaat Illinois stammt, ist der Alltag das grösste Problem. Statt in Unzen misst man hier in Gramm. Statt mit dem Auto fährt man hier mit Tram und Bus. Und wer irgendwo einzieht, stellt sich selbst vor – in Amerika wird man von den Nachbarn willkommen geheissen. Zwischen der Schweiz und Amerika klafft ein kultureller Graben. Das zeigt sich auch am Einfränkler, den man hierzulande ins Migros-Wägeli stecken muss, worüber Samantha staunte. Oder daran, dass es in Amerika nicht üblich ist, einander zur Begrüssung die Hand zu geben. Besonders bei Frauen. Das wissen nur wenige Schweizer.

Der Club hilft. Durch 60 Jahre Erfahrung sind die amerikanischen Frauen in Basel klug geworden. Und sie geben ihre interkulturelle Kompetenz gerne weiter. In der Patchworkgruppe. Beim wöchentlichen Lunch im Braunen Mutz, im Strickkurs oder in einer der vier Büchergruppen. Zahlreich sind die Aktivitäten des American Women's Club Basel. Da gibt es die Wine Tasters, eine Veranstaltung namens Epicurious, die Ladies Night Out, die Moms & Tots. Wer will, kann sich täglich im Club beschäftigen. Lektüre, Handwerk und viel Kulinarisches stehen dabei im Vordergrund. «Aber am wichtigsten ist», so Janet Thieme, «sich gegenseitig zu helfen, Freundschaften zu schliessen und einander Tipps für das Leben in einem fremden Land zu geben». Janet Thieme ist Präsidentin des American Women's Club Basel. Sie wusste schon bevor sie hierher zog von dem Club und dass sie eintreten würde. Er half ihr dabei, in Basel Freunde zu finden und «hier zu überleben». Den Begriff ‹überleben› verwenden viele an diesem Patchworknachmittag: eine ironische Übertreibung, die fast vollständig die Angst vor der Fremde überdeckt hat. Fast … Nach einer Stunde Handarbeit gibt's Kaffee.

Viele Clubmitglieder verlassen Basel nach ein paar Jahren wieder. Der Mann hat eine neue Stelle, wird zurückbeordert nach Amerika, in ein anderes Land. Damit das Wissen um die Geheimnisse des schweizerischen und des Basler Alltags nicht verloren gehen – was sind A- und B-Post, warum muss ich das Gemüse abwägen, wie war das noch mit dem Handschütteln? –, damit dieser Erfahrungsschatz nicht ungenutzt verschwindet, gibt der American Women's Club das Buch ‹Living in Basel› heraus. Darin wird nicht nur erklärt, wie man an der Fleischtheke ohne Nummernzettelchen ansteht, sondern auch Grundlegendes: Welche Bewilligungen für Aufenthalt, Arbeit, das Autofahren sind nötig, wie kann man im Ausland sein amerikanisches Stimmrecht wahrnehmen, wo befindet sich welche Behörde mit welchen Kompetenzen? Wer solches nicht weiss, ist tatsächlich verloren.

«Die Frauen bei uns im Club fühlen sich schon nach einer Woche wie zu Hause», sagt Rosemary, während sie einen Reissverschluss an ihre Patchworktasche näht. Als sie mit ihrem Mann ein Häuschen kaufen wollte, stellte sie sich mit ihrem Vor- und Nachnamen vor. So, wie es in Amerika üblich ist. Von der Maklerin bekam sie zu verstehen: «So genau kennen wir uns ja wohl noch nicht.» Frostig, unfreundlich, ein Missverständnis. Da hilft der Club. Dabei, interkulturell generierte Sorgen loszuwerden. Zu verstehen, warum man frustriert ist oder wütend, weil so vieles, ja fast alles, anders ist als zu Hause.

Gemeinsam lassen sich Gefühle des Fremdseins leichter überwinden. Bei Clubtreffen wie dem wöchentlichen Aneinandernähen von Stoffstückchen vereinen sich die in Basel zufällig versammelten Frauen zur starken Gruppe. Die akute Hilfe bei Akklimatisierungs-problemen wird allmählich abgelöst von Berichten aus der Heimat, von Plaudereien über Fernsehserien, Bücher, die Bush-Politik. Einfach zusammen zu sein und in der Mutter-sprache zu reden, ist im Ausland so angenehm wie wichtig.

2007 haben die Mitglieder der Patchworkgruppe einen Quilt hergestellt, eine kunst-voll zusammengenähte Stoffdecke, gross wie ein Bettüberwurf. Bei der 60-Jahr-Feier des Clubs wurde das Stück versteigert. 1400 Franken kamen dabei zusammen. Geld, das die Frauen der Kinderspitex Nordwestschweiz spendeten und dem Verein Compagna, der sich in Basel um Menschen in schwierigen Lebenssituationen kümmert. In früheren Jahren unterstützte der Club ein Hippotherapiezentrum, die GGG oder die Basler-Tafel-Loge, die Lebensmittel an soziale Einrichtungen verteilt. Das Spenden hat Tradition. In Amerika. Und beim American Women's Club Basel. Das Geld erwirtschaften die Club-mitglieder durch Patchworking. Und durch den Verkauf des Buches ‹Living in Basel›. Oder durch gemeinnützig ausgerichtete Bridge-Turniere. «Es ist wichtig für uns, die wir hier in Basel leben, der Stadt auch etwas zurückzugeben», sagt Janet Thieme. «Wir sind Botschafterinnen unseres Landes.»

Die «Botschafterinnen» treffen sich meistens im Centrepoint im Lohnhof. Dort unter-hält der Club stolz eine frisch renovierte Bibliothek mit 6000 Bänden. Der zurzeit rund 160 Mitglieder zählende American Women's Club Basel ist einer von 75 unabhängigen Non-profit-Clubs, die alle der Federation of American Women's Clubs Overseas an-gehören. In 37 Ländern kommen so 18 000 Mitglieder zusammen. Club und Verband – das System gleicht einer grossen Patchworkdecke. Und niemand, der an einer solchen Decke mitwirkt, ist verloren.

Anmerkungen

1   Auf Wunsch der Clubmitglieder wurden alle Namen, bis auf denjenigen der Präsidentin, geändert.

2   American Women's Club Basel (Hg.): Living in Basel. Basel 2002.

Anglican Christmas Bazaar, 24. November 2007 in der Oekolampadkirche

«A spiritual home away from home»

Die Anglican Church Basel – eine kleine internationale Kirche im Wachstum

Anna Wegelin

Basel ist eine kleine, übersichtliche Stadt. Gleichzeitig ist es eine internationale Stadt: Menschen aus über 150 Nationen haben sich hier niedergelassen. Die Zuzügerinnen und Zuzüger, die meist in der chemisch-pharmazeutischen Industrie arbeiten, verleihen dem 188 000-Seelen-Ort gar einen kosmopolitischen Touch. Ihr Anteil an der Bevölkerung ist in den letzten zehn Jahren markant gestiegen, wie aktuelle Zahlen des Statistischen Amts Basel-Stadt zeigen: Wohnten Ende 1997 beispielsweise 819 Personen aus Grossbritannien im Kanton, so waren es Ende 2006 fast doppelt so viele, nämlich 1508. Die Anzahl der Arbeitsmigrantinnen und -migranten aus den Vereinigten Staaten hat im selben Zeitraum von 555 auf 824 zugenommen, diejenige von Personen mit einem australischen oder einem neuseeländischen Pass von 83 auf 144 beziehungsweise von 14 auf 45.

Die ‹English-speaking Community› ist eine bedeutende Migrationsgruppe in der Region – bedeutend auch, weil ein grosser Teil ihrer Mitglieder in gut bezahlten verant-wortungsvollen Positionen tätig ist. Einer von vielen Orten für diese ‹Community›, die das Englische als Mutter- oder als Umgangssprache verbindet, ist die protestantische Anglican Church Basel. Geoffrey Read ist seit 1998 Pfarrer dieser Gemeinde: «Wir sind eine internationale christliche Gemeinschaft, die Menschen dazu einlädt, Fragen zu Sinn und Sein zu stellen.» Die Basler Kirche gehört zur Church of England und so zur weltwei-ten Anglican Communion. Sie zählt 150 registrierte Mitglieder und zahlreiche Nicht-Mitglieder, die in der Gemeinde aktiv sind – Tendenz steigend. Im Zentrum des Ge-meindelebens steht der Sonntagsgottesdienst in zwei Varianten: Den Morgengottesdienst für Familien im Adventhaus am Rümelinbachweg besuchen laut Pfarrer Read ca. hundert Erwachsene und vierzig Kinder aus rund fünfundzwanzig Nationen. Am traditionellen Abendgottesdienst in der Niklauskapelle des Münsters nehmen bis zu vierzig Per-sonen teil. Die Gottesdienstbesucherinnen und -besucher kommen aus der ganzen Dreiländerregion. Die Mehrzahl von ihnen hat ihren Wohnsitz im Kanton Basel-Land-schaft, vor allem im Leimental und im Birstal: Im Jahr 2006 waren es rund 70 Prozent der eingetragenen Mitglieder der Anglikanischen Kirche. Ein Teil der Kirchenmitglieder lebt bereits seit Jahrzehnten hier und ist in die schweizerische Gesellschaft integriert, die anderen – oft Familien mit Kindern – wohnen drei bis vier Jahre in der Region Basel, bevor sie aus beruflichen Gründen weiterziehen.

«Wir sind keine Gemeindekirche, sondern eine internationale Kirche, die sich im Wachstum befindet und zunehmend für eine Vielfalt von Menschen da ist», beschreibt der anglikanische Pfarrer die Herausforderung, das Geistliche (*ministry*) offen zu gestalten, ohne dabei die theologisch-liturgische Tradition aufzugeben. Entsprechend mannigfaltig sei das Gesamtangebot der Kirche, die geschulte Freiwillige mit der Leitung von Bibelgruppen, Hauskreisen oder Business-Breakfasts betraut. Seine Aufgabe bestehe darin, so Read, die verschiedenen Angebote und Dienste zu koordinieren.

Analog zur weltweiten demografischen Entwicklung der Anglikanischen Kirche registriert der Pfarrer eine Zunahme von afrikanischen Mitgliedern, die oft einen anderen sozialen Hintergrund hätten. «Wie gut wir sie integrieren, ist eine andere Frage», fügt er an. Wie reagieren die angestammten, älteren Mitglieder auf diese Newcomer aus dem Commonwealth? «Wir alle wissen, was es heisst, ein Gast zu sein», antwortet Geoffrey Read. Da sei es einfacher, sich auf veränderte Umstände einzulassen.

Das Gastrecht für die Anglikanische Kirche in Basel reicht weit zurück in die Geschichte: Vor über 450 Jahren kamen die ersten Anglikaner nach Basel: Eine Vielzahl Glaubensflüchtlinge hatte sich vor ‹Bloody› Mary Tudor auf dem europäischen Festland in Sicherheit gebracht. Rund hundert von ihnen kamen nach Basel – von wo aus sie mit ihren Schriften zum Teil wesentlich zur Reformation auf den Britischen Inseln beitrugen. Seit mehr als 150 Jahren werden in Basel regelmässig anglikanische Gottesdienste gehalten, zunächst in der Englischen Betkapelle des Hotels ‹Des Trois Rois›. Und seit über 50 Jahren hält die Anglican Church, die übrigens selbsttragend ist und keine Kirchensteuern erhebt, permanent eine Pfarrstelle besetzt. Wer mehr über dieses unbekannte Kapitel der regionalen Kirchen- und Migrationsgeschichte erfahren will, muss sich noch ein wenig gedulden: Der pensionierte Eisenbahnfachmann Bryan Stone aus Ettingen, der seit seinem Umzug von England in die Schweiz im Jahr 1968 Mitglied der Anglican Church Basel ist und lange Zeit auch in deren Kirchenrat engagiert war, schreibt an einer ausführlichen Chronik, die in ein paar Jahren erscheinen soll.

Und wo steht die Kirche heute? «Unser Auftrag ist es, den Menschen ein spirituelles Zuhause zu geben», so Geoffrey Read. «People who are ‹transplanted› here find that we offer them a spiritual home away from home.» In den 1950er Jahren habe es nur wenige Treffpunkte für die englischsprachige Bevölkerung in der Region gegeben, so der Pfarrer. Die Anglican Church sei einer dieser Treffpunkte gewesen. Heute sei die Ausgangslage komplett anders. In den letzten zehn bis fünfzehn Jahren seien soziale und kulturelle Meetingpoints für die ‹International Community› wie Pilze aus dem Boden geschossen. Es liege deshalb nahe, dass sich die Anglikanische Kirche auf ihren

Grundauftrag zurückbesinne. «Menschen, die an einen neuen Ort und in eine neue Kultur kommen, stellen oft grundsätzliche Fragen zu ihrem Leben», so der Geistliche. Die Anglican Church sei da für Menschen mit der «spirituellen Muttersprache» des Englischen.

Das ‹Newcomers›-Projekt von Pfarrer Martin Dürr, der seit Dezember 2007 im Auftrag der Evangelisch-reformierten Kirche Basel-Stadt die englischsprachigen Mitarbeitenden vor allem der grossen Chemiekonzerne mental dabei unterstützt, in ihrem neuen Lebens- und Arbeitsumfeld Fuss zu fassen, betrachtet Read keineswegs als eine Konkurrenz zur Anglican Church. «You need to have different people working in different parts in the vineyard», zitiert er ein biblisches Gleichnis: Es gebe genügend englischsprachige Menschen in der Region, die mit keiner Kirche in Kontakt stehen. Diese «unconnected people» auf eine kreative, vielleicht sogar spirituelle Weise zu erreichen, sei in jedem Fall eine gute Sache, so der Pfarrer: «We are all a part of the body of Jesus Christ.» Alle Kirchen hätten schliesslich ein- und denselben Auftrag: Das Evangelium in die Welt hinauszutragen.

Royal Palace, indische Küche

Eating out

Wo die ‹English Community› isst – eine Spurensuche

Oliver Lüdi

Die ‹English Community› in Basel ist munter und bestens vernetzt. Sie trifft sich zum Beispiel im ‹Centrepoint›, einem Treffpunkt für Neuankömmlinge und schon länger im Ausland lebende ‹Expats› (Expatriierte). Dem Verein gehören nach Auskunft der ‹Centrepoint›-Präsidentin Lorraine Rytz etwa sechshundert Familien an, 20 Prozent davon sind übrigens Schweizerinnen und Schweizer, die an einer internationalen Kultur teilhaben und ihr Englisch pflegen wollen.

Hier sind auch der ‹Anglo Swiss Club› zu erwähnen, die ‹Professional Women's Group›, die ‹English Show› auf Radio X und eine Reihe weiterer Institutionen, Clubs und Netzwerke für die ca. 2700 Menschen englischer Muttersprache, die in Basel leben (im Kanton Basel-Landschaft sind es ungefähr noch einmal so viele), arbeiten und – vergessen wir diese so notwendige wie angenehme Beschäftigung nicht – essen.

Wer wissen will, wo sie essen und trinken, müsste nur eines dieser zahlreichen Netzwerke konsultieren und erführe im Nu, welche Lokale die beliebtesten sind. Denkt man. So einfach ist es aber nicht. Zwar könnte man mit Fug und Recht jedes anständige Restaurant um die Produktionsstandorte oder Verwaltungsgebäude von Roche, Novartis, Syngenta und der BiZ herum (wo nicht wenige Mitglieder der ‹English Community› arbeiten) als potenziell interessant für internationale Gäste bezeichnen. Aber wir wüssten es gern etwas genauer.

Beginnen wir unsere Recherche an einem Ort des Austauschs, wo Informationen und anderes fliessen, man ahnt es, im Pub. Im irischen Paddy Reilly's an der Heuwaage beispielsweise. Man spricht Englisch. Sport vom ‹sky channel›, Fussball und Rugby. Hier trifft sich eine internationale Gästeschar zu Guinness, Kilkenny, Cider etc. Aber auch zu Pies und Stews, Burgers und dem ganztägig servierten, sehr reichhaltigen ‹Irish Breakfast›. Hier findet man schnell Anschluss, kann mit den sympathischen Bartendern sprechen oder auch mal einen Gast fragen (nicht selten sogenannte ‹Contracters›, die befristet am Euroairport Basel-Mulhouse arbeiten), welche Restaurants in der ‹English

Baracca Zermatt, Schweizer Bergküche

Namamen, Japanese Ramen Bar

Steine Grill, Imbiss

Tugra, türkische Spezialitäten

Community› gut ankommen. Indische Restaurants, etwa das Bajwa Palace ganz in der Nähe, das auch ins Büro liefert, das Mandir oder das Amruthan an der Hegenheimerstrasse. Restaurants mit asiatischer Küche allgemein (‹going for a curry›, ist in Grossbritannien ein Synonym für ‹essen gehen›), so Lilly's und Namamen, die sich beide weltoffen und unkompliziert zeigen und deren einfaches, klares Konzept (nicht nur bei internationalen Gästen) gut ankommt. Oder das Noohn, Basels vielleicht urbanstes Restaurant, wo mittags oft mehr Englisch als Deutsch gesprochen wird.

Das Mr. Pickwick Pub liegt an der Steinenvorstadt. Auch hier gibt es zu gut einem Dutzend Biersorten Klassiker der englischen, irischen oder schottischen Küche. Und Sport auf allen Bildschirmen, schliesslich ist Mr. Pickwick auch Sponsor des EHC Basel und des Rugby Club Basel. Der Pubmanager Mark Gauci-Maistre erweist sich als profunder Kenner englischer Ess- und Trinkkultur. Er könnte stundenlang über den Pub als Ort erzählen, an dem sich das soziale Leben abspielt, wo Arzt neben Bauarbeiter und Punk neben Banker sitzen, getrennt nur durch ein ‹English Ale› oder ein ‹Irish Stout›. Auf der Speisekarte stehen Klassiker wie ‹Baked Beans on Toast›, ‹Bangers & Mash› und ‹BLT› (‹Bacon, Lettuce & Tomato›). Dazu kommen übers Jahr nationale Spezialitäten zu besonderen Anlässen: schottische (‹Haggis›, eine mit Innereien gefüllte Wurst, in der ‹Burn's Night›), irische (‹Irish Stew› am ‹St. Patrick's Day›) oder australische (‹Shrimps on the Barbie›).

Auch im Restaurant Da Gianni am St. Johanns-Tor, so sagt man mir, treffe sich die ‹English Community›, ebenso im kinderfreundlichen Picobello am Blumenrain, wo man zudem einen schönen Blick auf den Rhein hat. Dann dürfe man natürlich das Restaurant Kunsthalle nicht vergessen sowie die Bodega und den Besenstiel samt Bar neben dem Schauspielhaus. Für ihre türkischen Gerichte würden das Pinar beim Kantonsspital und das Marmaris am Spalenring geschätzt. Doch auch unsere nationale und regionale Küche zieht ein internationales Publikum an. Im Braunen Mutz etwa, mit seiner beliebten ‹Senne-Rösti› und den ‹Suure Läberli›, oder im Elsbethenstübli, das für Fondue und Raclette bekannt ist, findet man Leute von *all over the world*. Auch die Fischerstube im Kleinbasel soll hier erwähnt werden, ihre Rösti, ihr ‹Suure Mogge› und das Ueli-Bier natürlich. Ach ja, das Restaurant Platanenhof in Kleinhüningen, das mit dem schönen Garten und der stimmungsvollen Gaststube, ist auch beliebt beim internationalen Publikum. Schliesslich der Boomerang in Binningen, entspannte Atmosphäre und australische Küche – Emu, Känguru und Krokodil.

Unsere kleine Erforschung der hiesigen englischsprachigen Gemeinschaft und ihrer Vorlieben beim Ausgang wäre jedoch höchst unvollständig, würden wir nicht noch *last but not least* Jay's Indian Restaurant erwähnen, das in der ‹Community› sehr beliebt ist. Jayesh Kumar führt dieses knapp 40-plätzige Restaurant in der St. Johanns-Vorstadt seit etwas mehr als fünf Jahren. Indische Küche, drei Gerichte am Mittag, ein mehrgängiges Menü am Abend. Ist es die freundliche und lockere Atmosphäre, die Einfachheit des

Angebots und die Flexibilität bei Sonderwünschen oder das besondere Ambiente (die Kunst an den Wänden, die Fotos von Gästen, die wachsende Elefantensammlung), die dazu führen, dass Jay's Indian Restaurant zu ca. 60 Prozent von ‹Expats› besucht wird? Es ist wohl von all dem etwas, aber vor allem Jayesh Kumar als Person und Gastgeber *par excellence*. Sagt man in Basel doch inzwischen: «Let's go to Jay.»

Mc Donald's

Papa Joe's, american, caribbean cuisine

Xiao Lu's, chinesische Küche

Aladin, libanesische Spezialitäten

Wirtschaft und Region

Am 17. Juni 2007 stimmte auch die Bevölkerung von Baselland mit grosser Mehrheit der Fusion der Rhein-häfen zu. Das Jahr 2007 war aber auch ein Jahr der Eisenbahn: Die TGV-Strecke Basel–Paris wurde in Betrieb genommen, der Bahnhof SBB feierte seinen 100. Geburtstag, und – dies wird hier ausführlich beschrieben – seit 2007 gibt es wieder eine direkte Zugverbindung Basel–Moskau. Zwei Texte zum Thema ‹Transport und Verkehr› bilden die Klammer um das Kapitel ‹Wirtschaft und Region›.

Einen weiteren Schwerpunkt in diesem Kapitel bildet das Thema ‹Energie›: Der Stadt Basel wurde im Jahr 2007 der ‹European Energy Award Gold› verliehen.

Die Rheinschifffahrt – umweltfreundlich, wirtschaftlich, zuverlässig

Aus den Rheinhäfen von Basel-Stadt und Basel-Landschaft werden die ‹Schweizerischen Rheinhäfen›

Ulrike Hool

Das Ja des Baselbieter Stimmvolkes vom Juni 2007 zum Staatsvertrag über die Zusammenlegung der Rheinschifffahrtsdirektion Basel und der Rheinhäfen des Kantons Basel-Landschaft hat das letzte Hindernis für eine gemeinsame Hafenentwicklung aus dem Weg geräumt. Seit Januar 2008 gibt es nun die ‹Schweizerischen Rheinhäfen›.

Der Rhein ist nicht nur Natur- und Erholungsraum, sondern auch wichtiger Transportweg. Als verkehrsreichste Wasserstrasse Europas verbindet er die Schweiz sowohl mit verschiedenen europäischen Ländern als auch – über den Seehafen Rotterdam – mit den Ozeanen der Welt. Schon die Kelten und Römer nutzten den Strom als Verkehrsweg. Bis zum Aufkommen der Dampfschiffe Anfang des 19. Jahrhunderts und – hundert Jahre später – der Motorschiffe mussten die Kähne über sogenannte Leinpfade oder Treidelwege rheinaufwärts gezogen werden. Für kleine Boote reichten kräftige Männer aus, für grosse, beladene Schiffe brauchte man bis zu acht Pferde.

Das Jahr 1904 stellt einen Markstein für Basels Schifffahrt dar: Der Dampfer ‹Knipscheer IX› mit dem Schleppkahn ‹Christina› im Anhang erreichte als erster beladener Schleppzug die Stadt am Rheinknie – bis dahin hatte der Stromabschnitt zwischen Strassburg und Basel in rheinischen Schifffahrts- und Industriekreisen als unüberwindliches Wildwasser gegolten. Damit hielt die moderne Rheinschifffahrt auch in Basel Einzug. Der Errichtung einer ersten Anlegestelle folgte wenig später der Bau des Hafens St. Johann, des ersten von heute vier Basler Hafenstandorten.

Wachsende Bedeutung

Bis ins 19. Jahrhundert war es vor allem der schlechte Zustand der Strassen, der für die grosse Bedeutung der Wasserwege verantwortlich war. Heute sind es andere Gründe, welche den Rhein als Transportweg so attraktiv machen. Die Rheinschifffahrt und die Basler Häfen können dank ihrer Kapazitäten das grosse Wachstum im Güterverkehr, das sowohl Strasse als auch Schiene mehr und mehr an ihre Grenzen stossen lässt, umweltfreundlich, wirtschaftlich und zuverlässig bewältigen. 5 Milliarden Tonnen-kilometer – das ist mehr als die Hälfte der von den SBB jährlich erbrachten Güter-verkehrsleistung – beträgt die Transportleistung der Binnenschifffahrt für die Schweiz. Ein einziges Güterschiff auf dem Rhein kann Mengen transportieren, die der Ladung von mehr als hundert Lastwagen oder von bis zu zwei Güterzügen entsprechen. Mit der Energie aus einem Liter Dieselöl transportiert ein Schiff 1 t Güter 100 km weit; 1 t kann die Bahn mit der gleichen Energie 66 km und ein Lastwagen 20 km weit befördern. Vergleicht man die Transportkosten, schneidet das Schiff ebenfalls am besten ab: Ein Tonnen-kilometer auf der Strasse kostet 15,8 Rappen, auf der Schiene 9,5 Rappen und auf dem Wasser 1,9 Rappen.

Verkehrsdrehscheibe und Logistikzentren

Heute sind die Schweizerischen Rheinhäfen die grössten und wichtigsten Schweizer Umschlagplätze für den Güterverkehr des Landes. Knapp 15 Prozent des gesamten Aus-senhandels werden über die vier Standorte St. Johann, Kleinhüningen, Birsfelden und Auhafen Muttenz abgewickelt. Das entspricht rund 9 Millionen t Gütern wie landwirt-schaftliche Erzeugnisse, Nahrungs- und Futtermittel, feste mineralische Brennstoffe, Erdöl und Mineralölprodukte, Erze und Metallabfälle, Eisen, Stahl und Nichteisen-metalle, Steine, Erden und Baustoffe, Düngemittel, chemische Erzeugnisse sowie Fahr-zeuge und Maschinen. Insbesondere der Transport per Container, mit dem sich alle Arten von Waren effizient befördern lassen, verzeichnet Wachstumsraten (zwischen 4 und 6 Prozent). Auf einer Gesamtfläche von über 1,3 km² stehen moderne, leistungsfähige Anlagen wie Getreidesilos und Schüttgutlager, Tank- und Containerlager sowie rund 60 Krane mit einer Hubkraft von bis zu 300 t zur Verfügung. Aus dem einstigen Umlade-ort zwischen Wasser und Land wurde eine komplexe, multimodale Verkehrsdrehscheibe, eine Nahtstelle zwischen Wasser, Schiene und Strasse.

Die Häfen sind Arbeitsplatz für mehr als 1500 Menschen, die dort in allen Sparten der Logistik tätig sind: in grossen internationalen Unternehmen, die umfassende, gesamtheit-liche und massgeschneiderte Transportlösungen für die diversen Güter anbieten, oder in kleineren, hoch spezialisierten Firmen verschiedenster Branchen. Die Häfen sind optimal an die Eisenbahn- und Strassennetze angebunden, sodass ein schneller Umschlag auf andere Verkehrsträger und ein ungehinderter Warenfluss gewährleistet sind. Vom kom-binierten Verkehr, welcher durch den optimalen Einsatz der verschiedenen Verkehrs-träger gekennzeichnet ist, profitieren sowohl die Kunden als auch die Umwelt.

In eine erfolgreiche Zukunft

Der Zusammenschluss der Häfen von Basel-Stadt und Basel-Landschaft zu den ‹Schwei-zerischen Rheinhäfen› ist ein wichtiges Bekenntnis der Region und ihrer Bevölkerung zur Rheinschifffahrt. Eine strategisch gesamtheitliche Entwicklung stärkt den Standort, verbessert die Wirtschaftlichkeit und liegt im Interesse der ganzen Region. Die Bündelung der Kräfte stärkt darüber hinaus auch die Position der Rheinschifffahrt auf eidgenössischer Ebene. Denn trotz ihrer enormen Bedeutung als attraktiver, umweltfreundlicher, sicherer und kostengünstiger Verkehrsträger fristet die Rheinschifffahrt in Bern bisher ein Aschenputtel-Dasein. Starke Häfen unter einem Dach bieten die beste Voraussetzung dafür, dass sich das Aschenputtel in eine strahlende Prinzessin verwandelt.

Im Spannungsfeld zwischen Akzeptanz und Skepsis

Um erfolgreich zu bleiben, braucht die Basler Industrie eine breite öffentliche Zustimmung

Ulrike Hool

Mit zwei der zehn grössten Pharmakonzernen der Welt, der Nummer 1 im Agrobereich, einer Reihe erfolgreicher Newcomer aus der Life-Sciences-Branche sowie verschiedenen grossen Chemieunternehmen ist die Region Basel wie kaum eine andere Region in der Schweiz auf ein innovationsfreundliches Umfeld angewiesen.

In einer modernen Gesellschaft hängen Wirtschaftswachstum und Wohlstand immer mehr vom Wissen ab, das in technischen Fortschritt umgesetzt wird. Wirtschaftlicher Erfolg braucht Innovation. Doch innovative Wirtschaftszweige können nur dann dauerhaft erfolgreich sein, wenn sie sich auf eine breite öffentliche Zustimmung stützen können. Nur wenn Industrie und Forschung von der Öffentlichkeit am Standort mitgetragen werden, können sie sich auch entwickeln. Akzeptanz ist daher einer der Schlüsselbegriffe in der Forschungs- und Technologiepolitik. Dies nicht im Sinne eines blinden Fortschrittsoptimismus, sondern auf der Basis differenzierter und informierter Meinungsbildung, gehört es doch, wie der Philosoph Jürgen Mittelstraß es ausdrückt, «eher zu den Stärken einer rationalen Gesellschaft als zu ihren Schwächen», wenn wissenschaftliche Errungenschaften und ihre Anwendungen heute nicht mehr unkritisch akzeptiert werden.[1]

Ambivalente Haltung

Sowohl in Europa als auch in den USA waren das 19. Jahrhundert sowie die ersten sechs bis sieben Jahrzehnte des 20. Jahrhunderts durch einen ungebrochenen Fortschrittsoptimismus gekennzeichnet. Ab Ende der 1960er Jahre begann dieser Optimismus brüchig zu werden. Katastrophen wie Contergan, Seveso, Tschernobyl oder Schweizerhalle riefen den Menschen ins Bewusstsein, dass es ‹Grenzen des Wachstums› gibt, und stellten die Ambivalenzen des technologischen Fortschritts in den Vordergrund. Vor- und Nachteile sowie Chancen und Risiken neuer Technologien werden seither gleichermassen hinterfragt. Dieser Zwiespalt manifestiert sich heute am deutlichsten bei der Einstellung vieler Menschen zur Gentechnologie: Einerseits wird ihr Potenzial anerkannt, andererseits werden nicht erwünschte Auswirkungen befürchtet. Das Unbehagen an der Gentechnologie konzentriert sich vor allem auf solche Bereiche, in denen der Nutzen am wenigsten erkennbar ist, etwa bei der sogenannten ‹grünen› Gentechnologie, mit der etwa haltbarere oder transportsicherere Lebensmittel entwickelt werden. Dort hingegen, wo ein grosser Nutzen angenommen wird – wie in der Medizin –, ist Opposition weit weniger wahrscheinlich. So kann man sich kaum gegen Gentechnologie aussprechen, mit deren Hilfe Erkrankungen geheilt werden können. Ähnliche Ambivalenzen gibt es bei Themen wie Kernkraft, Mobilfunkantennen, Entsorgungsanlagen oder bei der Nanotechnologie.

Technik und Forschung als Motor

Die öffentliche Akzeptanz des technologischen Fortschritts als wichtige Voraussetzung für einen zukunftsträchtigen Wirtschaftsstandort ist also nicht mehr selbstverständlich. Die Industrie hat gelernt, dass sie mit transparenter und regelmässiger Information für dieses Verständnis in ihrem Umfeld kämpfen muss. Die Region Basel mit den Konzernen Novartis, Roche und Syngenta, mit Unternehmen wie Ciba, Clariant, Lonza oder Rohner sowie mit Newcomern der Life-Sciences-Branche wie Actelion, Arpida, Basilea, Santhera oder Speedel ist in speziellem Masse von dieser Akzeptanz durch Öffentlichkeit und Politik abhängig. Auch wenn es nicht immer offensichtlich ist, stossen die Unternehmen beziehungsweise ihre Forschungsfelder aber im Allgemeinen auf eine positive Grundhaltung. Dies wird einerseits bei Abstimmungen – in jüngerer Zeit etwa über die Genschutzinitiative und die Stammzellenforschung – deutlich. Andererseits zeigen Umfragen wie der Gesundheitsmonitor die pragmatische, differenzierte Haltung der Bevölkerung, welche von einer klaren Kosten-Nutzen-Abwägung bestimmt ist. Sie anerkennt sowohl die volkswirtschaftliche Bedeutung der chemisch-pharmazeutischen Industrie als Arbeitgeberin, Motor der Exportwirtschaft und Referenz der Schweiz im Ausland als auch deren Kompetenzen.

Bei einer solchen generell positiven Einschätzung ist es erstaunlich, dass sich je länger je grösser eine Bedarfslücke bei Nachwuchskräften aus dem naturwissenschaftlichen und technischen Bereich auftut. Dies nicht allein in der Schweiz, sondern in ganz Westeuropa. Der ‹Kampf um Talente› zwischen den verschiedenen Branchen hat bereits begonnen. Unternehmen haben zunehmend Mühe, geeignetes Personal zu finden. Roche etwa meldet derzeit 400, Novartis 600 offene Stellen. Gut ausgebildete Naturwissenschafter und Techniker sind ein wichtiger Zukunftsfaktor für die Region. Eine mögliche Massnahme, deren Erfolg sich allerdings erst in einigen Jahren zeigen würde, wäre die Stärkung der technischen und der naturwissenschaftlichen Ausbildung bereits an den Grund- und Mittelschulen. Die Ausbildung des Nachwuchses bestimmt die künftige Qualität des Forschungs- und Industriestandortes.

Die Zukunft hat bereits begonnen

Mit den wegweisenden Projekten des Campus des Wissens am linken und dem Büroturm am rechten Rheinufer dokumentieren die Pharmaunternehmen Novartis beziehungsweise Roche ihre Verbundenheit mit dem Standort Basel. Seit 2003 verwandelt Novartis in Zusammenarbeit mit weltweit renommierten Architekten den einstigen Industriekomplex des St. Johann-Areals in ein hochmodernes Forschungs-, Entwicklungs- und Managementzentrum, und Roche setzt mit dem Bau eines spiralförmigen, 154 m und 42 Stockwerke hohen Büroturms ein neues Basler Wahrzeichen, dessen Fertigstellung für das Jahr 2012 geplant ist. Der von Politik und Öffentlichkeit diesen Projekten gleichermassen entgegengebrachte Goodwill ist auch der Lohn für ein nachhaltiges Wirtschaften. Einer Nachhaltigkeit, die sich nicht nur im finanziellen Erfolg, sondern auch im sozialen und ökologischen Verhalten der Unternehmen widerspiegelt.

Anmerkung

1   Mittelstraß, Jürgen: Woran scheitert die Kommunikation über Wissenschaft? Vortrag vom 27. April 2001 in Heidelberg. In: spektrumdirekt, Die Wissenschaftszeitung im Internet (www.spektrumdirekt.ch).

Vernetzung der Starken

Die Achse Basel–Zürich als Kern des Stadtlands Schweiz

Thomas Held

Bei den eidgenössischen Wahlen 2007 hat gerade jene Partei triumphiert, die – bei aller Anstrengung ihrer Leute vor Ort – ungleich umfassender als alle anderen einen nationalen Wahlkampf führte. Bei der Themensetzung, der Werbebotschaft, beim Erscheinungsbild und nicht zuletzt bei der Personalisierung der Kampagne ging sie konsequent davon aus, dass die Schweiz – selbst über die Sprachgrenzen hinweg – ein einziger Ereignis- und Medienraum ist. In diesem Raum bestimmen das Fernsehen, die Sonntagspresse und neue News-Medien wie die Gratiszeitungen die Agenda. In diesem Raum werden politische Identitäten definiert und die ‹Brands› der Parteien gepflegt – oder eben auch nicht.

Dass trotz Bekenntnis zum föderalistischen Prinzip selbst die Politik diese neue Räumlichkeit anerkennt, zeigt erneut, wie sehr das ‹Stadtland Schweiz› wirtschaftlich, gesellschaftlich und auch kulturell zusammengewachsen ist. Treiber dieser Entwicklung sind natürlich nicht nur die klassischen Medien und das Internet, sondern auch das Wachstum der Metropolitanregionen über die Gemeinde-, ja weit über die Kantonsgrenzen hinaus. Die grosse Mehrheit der Bevölkerung lebt in diesen Regionen als Pendler zwischen Arbeitsplatz, Wohnort und Freizeitziel. Diese Integration wiederum ist die Folge einer extrem dichten Verkehrsinfrastruktur – wintersichere Strassen bis zu jedem Hof, vor allem aber auch ein perfekt ausgebauter öffentlicher Verkehr fast bis ins letzte Tal. Die ‹S-Bahn Schweiz› ist bereits weitgehend Realität, und mit den geplanten Verkehrsverdichtungen und Verkehrsbeschleunigungen wird die Erreichbarkeit der Zentren noch einmal wesentlich verbessert. Dies gilt in erster Linie für die Metropolitanregion Zürich, zu einem gewissen Grad aber auch für die région métropolitaine Lémanique und den Bernerischen Städtekranz im Mittelland. Ironischerweise kommt der politische Druck für den Anschluss ans ‹Netz› weiterhin primär aus den Randregionen, die auf eigenständige Entwicklung, das heisst auf Investitionen und vor allem Arbeitsplätze hoffen. Wie gerade das Beispiel Lötschberg zeigt, ermöglicht die Reduktion der Fahrzeiten einerseits das Wegpendeln der Berufstätigen sowie der Jungen in Ausbildung, andererseits aber auch das Zupendeln der städtischen Touristen und Zweitwohnungsbesitzer. Im Alltag verlieren Gemeinde- und Kantonsgrenzen immer stärker an Bedeutung.

Im Herbst 2007 hat der Bundesrat das Dossier ‹Zukünftige Entwicklung der Bahninfrastruktur› (ZEB) verabschiedet. Sieht man von der Lötschberg- und der Gotthardachse ab, ist die ausufernde Liste von regionalen, ja peripheren Begehren geprägt. Wie schon bei früheren Beschlüssen zum Fonds für den öffentlichen Verkehr (FinöV) führt das kantonale Lobbying automatisch zu Maximalprogrammen, deren Finanzierung und Wirtschaftlichkeit völlig offen sind. Zu kurz kommen bei diesem Kartell der lokalen Interessen bekanntermassen langfristige Investitionen in die internationalen Anschlüsse. Zu kurz kommen aber auch ausgerechnet jene Projekte, welche die Metropolitanregionen und damit die Schweiz im internationalen Standortwettbewerb am ehesten stärken würden. Dies betrifft die Verbindung zwischen Genf und Lausanne, aber auch jene zwischen Zürich und Basel, wo man auf eine wirkliche Schnellbahn wohl noch Generationen warten muss.

Die Metropolitanregionen Basel und Zürich tragen zusammen zu etwas mehr als der Hälfte des schweizerischen BIP bei. In Zürich und Basel residieren nicht nur die Mehrzahl der schweizerischen Global Player, die beiden Regionen verfügen zudem mit den Finanzdienstleistern und der Pharmaindustrie über Know-how-Cluster, die auch international in der obersten Liga mitspielen. Das Gleiche gilt für die bestehenden und entstehenden Hochschul-Campus und Science Citys. In beiden Zentren finden sich aufgrund der Kapitalakkumulation, aber auch aufgrund eines ausgeprägten Bürgersinns weltbekannte kulturelle Institutionen. Zwischen den beiden Flughäfen, obwohl unter grundsätzlich unterschiedlichen Randbedingungen operierend, sind erhebliche Synergien denkbar. Die Liste der gemeinsamen Stärken der beiden Regionen lässt sich fast beliebig fortsetzen.

Aus historischen und anderen Gründen sind solche Konstellationen mit zwei starken Akteuren durch mehr oder weniger freundliche Distanz, oft durch harte Konkurrenz und nicht selten auch durch Abneigung und Vorurteile gekennzeichnet. Ähnliche Rivalitäten wie zwischen Basel und Zürich finden sich auch bei anderen Städtepaaren wie Amsterdam – Rotterdam und Köln – Düsseldorf (die aber jeweils durch Verkehrswege und funktional eng verknüpft sind). Darüber zu klagen, wäre müssig, dennoch muss man zur Kenntnis nehmen, dass sich der internationale Standortwettbewerb in anderen als kantonalen Grössenordnungen abspielt. In Anbetracht der Konkurrenz in London oder gar in Übersee ist in Zukunft eine Palette von Kompetenzen und Spezialisierungen gefragt, die in den vergleichsweise kleinen, wenig verdichteten ‹Zentren› der Schweiz kaum angeboten werden können. Die schweizerische Antwort auf diese Herausforderung liegt in der Vernetzung, in den raschen Wegen, in einer überlegenen Infrastruktur. Wenn diese nicht nur auf der Höhe der Zeit bleiben, sondern auch für die Zukunft taugen soll, müsste in der nächsten Legislatur eigentlich der ‹Transrapid Basel – Zürich›, in welcher technischen Umsetzung auch immer, zuoberst auf der nationalen Eisenbahn-Traktandenliste stehen.

Ein Dach für die grenz-
überschreitende Zusammen-
arbeit in der Region Basel

Mit der Gründung des ‹Trinationalen Eurodistricts Basel›
verfügt der trinationale Lebensraum über eine schlanke Instanz
für grenzüberschreitende Angelegenheiten

Walter Schneider

Die trinationale Agglomeration um das Dreiländereck ist ein sehr vielfältiger Raum. Aufgrund seiner günstigen geografischen Lage konnte sich am Rheinknie ein attraktiver Wirtschaftsstandort und Lebensraum entwickeln. In den 226 Kommunen des ‹Trinationalen Eurodistricts Basel› (TEB) leben heute fast 830 000 Menschen. Sein Gebiet, die trinationale Stadtregion Basel, umfasst dabei eine grosse Bandbreite dynamischer urbaner Räume in Basel und reicht bis in ländliche Räume im französischen Sundgau, im

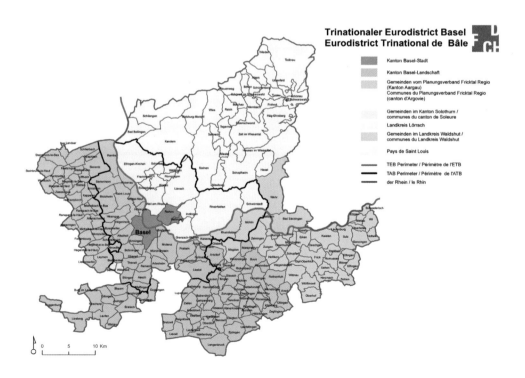

deutschen Schwarzwald oder im schweizerischen Jura. Bereits heute ist die Stadtregion Basel funktional stark integriert – täglich überqueren hier 60 000 Pendler die Grenzen auf dem Weg zur Arbeit. Dass sie sich über drei nationale und zahlreiche regionale und kommunale Teilräume erstreckt, bereichert sie, macht sie aber auch zu einem fragmentierten Raum.

Die Partner in den Gebietskörperschaften der drei Länder hatten früh erkannt, dass die dauerhafte Attraktivität des Lebens- und Wirtschaftsraums und eine angemessene Infrastruktur einer engen Kooperation im Bereich der Raum- und Verkehrsplanung bedürfen. Ihr Einsatz für die grenzüberschreitende Zusammenarbeit mündete 2002 in der Gründung des Vereins zur nachhaltigen Entwicklung der ‹Trinationalen Agglomeration Basel› (TAB). In ihm sind die Gemeinden und Gebietskörperschaften des engeren Einzugsbereichs der Agglomeration Basel vertreten.

Durch die in der Gründungsphase des TAB-Vereins mit Förderung durch die EU (Interreg II) erstellten Studien war es 2001 erstmals möglich geworden, eine gemeinsame trinationale Gesamtentwicklungsstrategie für die Bereiche Raumplanung, Verkehrsentwicklung und Infrastruktur zu entwerfen. Für das gemeinsame Ziel «Verstärkung der Rolle der Kernstadt und der Trinationalen Agglomeration Basel im Netz grosser europäischer Städte bei Wahrung der Lebensqualität» wurden eine Reihe von Schlüssel-

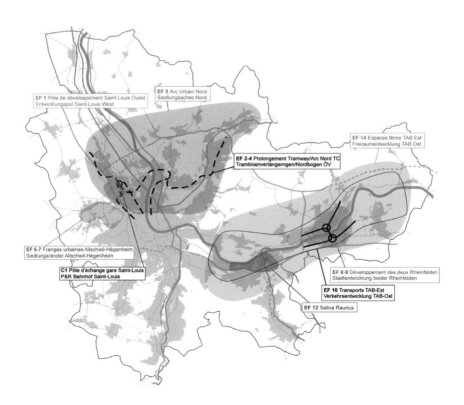

projekten definiert, die zwischen 2002 und 2006 im Rahmen von Interreg III bearbeitet wurden. Beispiele sind grenzüberschreitende Verkehrsprojekte (Bus- und Tramlinien), das gemeinsame Stadtentwicklungskonzept für das schweizerische und das deutsche Rheinfelden, ein wirtschafts- und raumplanerisches Konzept für die Siedlungsbereiche zwischen Allschwil (CH) und Bourgfelden, Hégenheim (F) oder grenzüberschreitende Landschaftskonzepte wie am Hochrhein oder im Norden der Agglomeration.

Die Projekte offenbaren die Potenziale eines Zusammenwachsens der Stadtregion. Sie eröffnen Visionen für die zusammenhängende Entwicklung von Siedlungs- und Freiräumen, belegen Wirtschaftlichkeit und Notwendigkeit eines grenzüberschreitenden öffentlichen Nahverkehrs und zeigen Wege für ein verstärktes Zusammenwirken der Siedlungs- und Wirtschaftsentwicklung auf. Nach dem Abschluss der Schlüsselprojekte wird eine neue Entwicklungsstrategie für die Raum- und Verkehrsplanung erarbeitet.

Getragen von der Erfahrung, dass die Zukunft der Stadtregion grenzüberschreitend ist und nur eine engere Kooperation und eine gemeinsame Planung dauerhaft einen attraktiven trinationalen Wirtschafts- und Lebensraum gestalten können, haben die Gebietskörperschaften beschlossen, die Zusammenarbeit auszubauen. Am 26. Januar 2007 wurde daher der ‹Trinationale Eurodistrict Basel› (TEB) gegründet, dem auch neue Gebietskörperschaften beigetreten sind.

Die Partner des Eurodistricts haben sich zum Ziel gesetzt,
– die Kooperationsinitiativen um das Dreiländereck zu bündeln,
– die Kooperation auf neue Themenfelder (Gesundheit, Kultur, Arbeitsmarkt, Wirtschaft, Bildung etc.) auszuweiten,
– die Kooperation in den Bereichen Raum- und Verkehrsplanung zu vertiefen sowie
– die Transparenz der Zusammenarbeit für die Bürgerinnen und Bürger zu erhöhen.

Darüber hinaus sollen die Ergebnisse der Zusammenarbeit umgesetzt und für die Öffentlichkeit sichtbar werden. Dies soll zum Beispiel durch die trinationale Initiative geschehen, zwischen 2009 und 2020 eine internationale Bauausstellung ‹IBA Basel 2020› auszutragen.

Eine dynamische Stadtregion wächst zusammen. Sie präsentiert sich als trinationaler Wirtschafts- und Lebensraum – nach innen für die Bürgerinnen und Bürger und nach aussen im Netz internationaler Stadtregionen.

Wassserkraftwerk Birsfelden

Goldmedaille für fortschrittliche Energiepolitik

Mit der Auszeichnung ‹European Energy Award Gold›
steigt Basel von der ‹Energiestadt› zur ‹goldenen Stadt› auf

Rolf Zenklusen

Im März 2007 erhielt die Stadt Basel die Goldmedaille für ihre vorbildliche Energiepolitik. ‹European Energy Award Gold› heisst die begehrte Auszeichnung, die vom ‹European Energy-Award Forum› vergeben wird, einem Gremium aus Fachleuten aus der Schweiz, Österreich und Nordrhein-Westfalen. Seit 2002 wurden europaweit 337 Gemeinden in Sachen Energiepolitik untersucht – nur 13 haben es in die Kategorie ‹Gold› geschafft. Zu diesen gehört übrigens auch Basels Nachbargemeinde Riehen, die bereits 2004 als erste Stadt in Europa mit der Goldmedaille ausgezeichnet worden war. «Der Kanton Basel-Stadt ist somit der Kanton mit der grössten Dichte an Goldstädten. Über 99 Prozent aller Einwohnerinnen und Einwohner in unserem Kanton wohnen in einer Goldstadt», meinte Barbara Schneider, Vorsteherin des Baudepartements, bei der Preisverleihung in der Voltahalle augenzwinkernd.

Städte, die mehr als 50 Prozent der möglichen Massnahmen zur Steigerung der Energieeffizienz umsetzen, werden zu ‹Energiestädten› erkoren. Die Auszeichnung ‹European Energy Award Gold› bekommen aber nur Energiestädte, die mehr als 75 Prozent erreichen. Basel hat mit 76 Prozent die Hürde für die Goldmedaille nur knapp genommen. Allerdings betonte die Jury, dass die mit 80 Prozent höchstbewerteten Städte für Basel durchaus in Reichweite liegen.

Im Bereich ‹Versorgung, Entsorgung› hat Basel sagenhafte 90 Prozent der Kriterien erfüllt. Ausschlaggebend dafür waren vor allem die Lenkungsabgabe (mit Rückverteilung an Betriebe und Haushaltungen) und die zweckgebundene Förderabgabe auf Elektrizität (zur Finanzierung der Förderprogramme). Die umfassende Nutzung von vorhandener Abwärme und erneuerbaren Energiequellen haben ebenfalls zu dieser Bestbewertung beigetragen. Basels Fernwärmenetz zum Beispiel ist so gut ausgebaut, dass 42 Prozent der Wohnungen im Stadtgebiet mit Fernwärme aus der Kehrichtverbrennungsanlage versorgt werden.

Solaranlage St. Jakob-Park

Fernheizkraftwerk Volta

Sehr gut abgeschnitten hat die Stadt Basel auch auf dem Gebiet ‹Kommunikation, Kooperation› mit 84 Prozent der möglichen Massnahmen. Die zielgerichtete und umfangreiche Informationsarbeit (aktive Energieberatung, Energieapéros, ‹Sun21› etc.) ist der Jury positiv aufgefallen, ebenso die engagierte Zusammenarbeit mit der Basler Wirtschaft – zum Beispiel die zahlreichen gemeinsamen Aktionen mit dem Gewerbeverband. Im Bereich ‹Entwicklungsplanung, Raumordnung› liegt der Wert der Stadt bei guten 83 Prozent. Dazu beigetragen haben Projekte wie Basel Nord und das DB-Areal, die von Anfang an unter dem Gesichtspunkt der Energieeffizienz geplant wurden.

Bei der ‹internen Organisation› hat Basel 74 Prozent erreicht. Bewertet wurden die internen Strukturen und Prozesse der Stadtverwaltung, aber auch die finanziellen Mittel für Energiepolitik und Förderprogramme. Positiv beurteilte die Jury, dass dank der bereits erwähnten Förderabgabe substanziell Mittel für die Steigerung der Energieeffizienz zur Verfügung stehen. Ebenfalls gut im Rennen ist Basel im Bereich ‹Mobilität› (72 Prozent). Überdurchschnittlich gut schneidet hier der öffentliche Verkehr ab, dicht gefolgt vom systematisch ausgebauten Veloroutennetz inklusive der Velostation beim Bahnhof SBB.

Die grösste Schwachstelle der Basler Energiepolitik liegt eindeutig beim Energie- und Wasserverbrauch öffentlicher Gebäude und Anlagen. Hier erreicht die Rheinstadt nur einen Wert von 47 Prozent. Nicht untypisch für grössere Städte ist, dass wegen der knappen öffentlichen Mittel zu wenig Geld für den Unterhalt ausgegeben wird. Dies führt zu einem eher hohen Energieverbrauch und damit zu einer relativ schlechten Bewertung – so auch in Basel. «Tatsächlich sind die kommunalen Gebäude aus energetischer Sicht alles andere als vorbildlich», weiss auch Jürg Hofer, Leiter des Amtes für Umwelt und Energie (AUE) des Kantons Basel-Stadt. Der CO_2-Ausstoss der gesamten Verwaltung stammt zu über 80 Prozent aus den staatseigenen Gebäuden.

Mit zwei Grossoffensiven will die Basler Regierung diesen Zustand ändern. An erster Stelle steht dabei die Aktion ‹Gebäudesanierung› – die grösste Massnahme, die in Basel je mit der Förderabgabe finanziert wurde. «Wir wollen in den nächsten drei Jahren 12 Millionen Franken für die Gesamtsanierung von Gebäuden in unserem Kanton zur Verfügung stellen», sagt Jürg Hofer. Ziel sei es, rund hundert Gebäuden, die über 25 Jahre alt sind, zum Beispiel durch eine Fassadensanierung ein neues Gesicht zu verpassen. Um einen Anreiz zu schaffen, werden Investitionen – je nach Qualität der energetischen Sanierung – bis zu 30 Prozent vom Staat bezahlt. Die Aktion soll nicht nur den Energieverbrauch senken, sondern auch einen positiven Einfluss auf das Stadtbild und die Wohnlichkeit haben.

Die zweite Aktion läuft unter dem Namen ‹klimaneutrale Verwaltung›. Bei zwei Pilotprojekten will das AUE zuerst Standards für Neu- und Umbauten festlegen. Eines der beiden ist der Neubau für die Zentralen Informatikdienste (ZID). «Hier wollen wir die erste klimaneutrale Dienststelle entwickeln», so Hofer. Das andere Pilotprojekt ist die

Heizkraftwerk Bahnhof

Sanierung der Allgemeinen Gewerbeschule. Parallel dazu will das AUE bei allen Bauten, deren Sanierung im Zehnjahresprogramm vorgesehen ist, Pakete für eine energie-effiziente Sanierung entwickeln. Dafür sollen 33 Millionen Franken zur Verfügung stehen. Sobald all diese Massnahmen umgesetzt sind, kann Basel den anderen Städten, die mit dem ‹European Energy Award Gold› ausgezeichnet wurden, problemlos das Wasser reichen.

Grüne Energie
aus dem Grossen Grünen Dorf

**Ab Juli 2008 bringt die Riehener Kehrichtabfuhr die Küchen-
und Grünabfälle einmal wöchentlich unentgeltlich zur Biopower AG
in Pratteln**

Franz Osswald

«Grüne Energie verpufft im Ofen», titelte das Gratisblatt ‹.ch› am 5. November 2007
auf seiner Frontseite. Die Städte würden tonnenweise Laub in der Kehrichtverbrennung
entsorgen, statt die Blätter zur Gewinnung von Biogas zu nutzen. Die Stadtreinigung von
Basel argumentiert, dass die Blätter mit Abfall vermischt seien und sich deshalb nicht
für die Biogasherstellung eigneten, eine Trennung sei zu kostspielig.

In Riehen und Bettingen sieht man dies anders. Zurzeit werden Gartenabfälle samt
Laub – grösstenteils auch jenes, das bei der Strassenreinigung anfällt – zur Kompostierung
aufs Maienbühl gekarrt. Wenn am 1. Juli 2008 das neue Abfallkonzept der Gemeinden
Riehen und Bettingen in Kraft tritt, werden zusätzlich Küchen- und Grünabfälle von
Haushalten zur Energiegewinnung gesammelt.

Seit der Einführung der Sackgebühr im Jahre 1993 hat sich in der Abfallbewirt-
schaftung einiges bewegt. Die Sackgebühr, die in den beiden Landgemeinden für einen
35-Liter-Sack 1.90 Franken beträgt, führte dazu, dass sich das Kehrichtaufkommen der
zweimal wöchentlich durchgeführten Kehrichtabfuhr von damals 7000 t auf heute 4000 t
reduzierte. Ausgaben von 1,7 Millionen Franken stehen Einnahmen von 1,3 Millionen
Franken gegenüber, die Sackgebühr deckt somit nicht die anfallenden Kosten.

Trotz des erheblichen Rückgangs der Abfallmenge beträgt der Anteil der Küchen-
abfälle im sogenannten ‹Schwarzabfall› immer noch 30 Prozent. Und genau hier setzt das
Abfallkonzept der beiden Gemeinden an. Heute wird der Schwarzabfall zweimal pro
Woche abgeholt, in Zukunft wird dies nur noch einmal wöchentlich geschehen. Damit
werden die Kehrichtfahrzeuge auch besser ausgelastet sein. Die Grünabfuhr, die bisher zweimal pro Monat erfolgte, wobei der Abfall in ‹Bags› bereitgestellt wurde, soll ab
Sommer 2008 einmal wöchentlich durchgeführt werden. Die Grünabfälle müssen dann
in Containern deponiert werden. Gemeinderat Marcel Schweizer dazu: «Dies entlastet
auch unsere Mitarbeiter, denn die Bags zu entleeren, belastet den Rücken enorm. Die
Container werden maschinell geleert, was der Gesundheit unserer Leute zugute kommt.»

Das bedeutet, dass Hausbesitzer und Vermieter bis dahin solche Grünabfall-Container gekauft haben müssen. «Wir werden die Betroffenen frühzeitig informieren», erklärt Schweizer. «Container können ja auch gemeinsam von mehreren Parteien genutzt werden.» Wenn der Einsatz von Containern nicht möglich ist – beispielsweise weil kein Platz dafür vorhanden ist –, dann sind entweder zentrale Standorte geplant, oder es werden sogenannte Bioklappen bereitgestellt. Die Abfälle aus der Küche können von Mietern und Hausbesitzern in Maisstärkesäckchen in den Containern deponiert werden.

Von den Veränderungen sind auch die Altmetall- und die Wertstoffabfuhr betroffen. Altmetall wird neu nicht mehr monatlich abgeholt, sondern nur noch vierteljährlich. Konnten bisher im Werkhof nur vier Wertstoffarten abgegeben werden, so wird man zukünftig fast sämtliche Wertstoffe bei mobilen Recyclingparks deponieren können.

Das neue Abfallkonzept der beiden Landgemeinden wird die Betriebskosten um geschätzte 180 000 Franken pro Jahr senken. Auf der Einnahmenseite wird es ebenfalls eine Veränderung geben. Weil weniger Schwarzabfall anfallen wird, werden die Einnahmen aus den Sackgebühren zurückgehen, und man wird die Gebühr erhöhen müssen. «Für die Einwohnerinnen und Einwohner wird dies aber nicht zu einer Verteuerung führen, denn die 30 Prozent Grünabfälle werden ja kostenlos entsorgt, sodass für sie die neue Abfallentsorgung kostenneutral ausfallen wird», führt Gemeinderat Marcel Schweizer aus.

Für ihn hat das Ganze nur einen kleinen Schönheitsfehler: «Wir fahren mit den Grünabfällen nach Pratteln, wo die Firma Biopower das Material zu Biogas verarbeitet. Es wäre natürlich besser, wir könnten die Abfälle zu einem näher liegenden Ort führen.» Ein solcher Standort könne in Lörrach liegen. Die Lörracher Oberbürgermeisterin Gudrun Heute-Bluhm hat sich über das Grünabfallkonzept der Gemeinde Riehen eingehend informiert und lässt derzeit prüfen, ob und inwieweit eine Zusammenarbeit bei der Grünabfallnutzung möglich ist. Von einer Verwertung auf Riehener Gebiet hätte Marcel Schweizer auch schon eine konkrete Vorstellung, die aber (noch) auf Bedenken stösst: beim Friedhof am Hörnli.

«Dieser Standort bietet sich geradezu an», so Schweizer, «denn dort fallen durchs Jahr enorme Mengen an Grünabfall an. Ein Gärtnereibetrieb ist im hinteren Bereich des Friedhofs unmittelbar an der Landesgrenze angesiedelt.» Dort sei eine solche Anlage durchaus denkbar. Bei der Nachbarstadt Grenzach hat sich der Gemeinderat bereits erkundigt, grundsätzlich werde ein solches Vorhaben positiv aufgenommen. Die Bedenken bezüglich des Standorts sind moralischer und religiöser Art. Marcel Schweizer kann dies zwar verstehen, entgegnet aber, dass die Verwertung von Grünabfällen demselben natürlichen Kreislauf folge, wie die Abfolge von leben, sterben und bestatten. Die Idee wird sicher noch für Gesprächsstoff sorgen. Versteht man aber Mensch und Natur als Lebensgemeinschaft, dann sollte eine Biogasanlage am Rande eines Friedhofs kein Problem darstellen.

Basel–Moskau einfach

In vierzig Zugstunden in die russische Hauptstadt

Thomas Knellwolf

«Fährt dieser Zug nach Kaiseraugst?» Der Schaffner mit der golden bestickten Uniform zuckt mit den Schultern. Nicht weil Sergei Grenow nach zwei Jahrzehnten bei den Russischen Staatsbahnen die Antwort auf die Frage zweier Schweizer Teenagerinnen nicht wüsste. Sondern weil er kein Deutsch versteht. Kichernd ziehen die Mädchen weiter. Sergei Grenow bleibt kerzengerade stehen.

Freitagabend, 18.04 Uhr. Der Zug auf Gleis 4 des Basler Bahnhofs SBB rollt los. Er wird in Städten wie Offenburg und Fulda, Konin und Kutno, Terespol und Wjasma anhalten, aber nicht in Kaiseraugst. Nach 39 Stunden und 55 Minuten Fahrt und zweimaligem Umhängen soll die Zugkomposition im Bahnhof Belorusskaja in Moskau einfahren.

Seit dem 22. Dezember 2007 ist die Bahnreise aus der Schweiz nach Russland wieder täglich ohne Umsteigen möglich – nach fast vierzehn Jahren Unterbruch. In den 70er und 80er Jahren brachten wöchentliche Züge Passagiere und geheime Post aus der UdSSR nach Bern und Genf, einmal sogar einen Lastwagen, den die Schweizer Regierung nicht als diplomatisches Gepäck akzeptierte. Auf der Rückfahrt transportierten die Züge mit dem Doppelhammer-Symbol westliche Konsumgüter. 1994 wurde die direkte Bahnverbindung Schweiz–Russland eingestellt. Am letzten Freitag des Jahres 2007 nutzten acht zahlende Fahrgäste den neuen Nachtzug mit dreissig Schlafwagenplätzen.

Nur für Kleinkinder billiger

In Basel SBB steigt niemand ein. Aber im Badischen Bahnhof steht eine junge Frau mit einem weinenden Kleinkind, einem grossen Rucksack und einem noch grösseren Koffer auf dem Perron. Alesia Kolesawa, Konstanzer Germanistikstudentin, will ihren Sohn ihrer Familie in Minsk zeigen. 440 Franken kostet sie die Fahrt in die weissrussische Hauptstadt und zurück. Ein Flug ab Frankfurt am Main samt Zugbillett vom Bodensee kostet dreimal so viel.

Kleinkinder fahren gratis mit der Eisenbahn. Für alle anderen ist der Zug nicht viel billiger als das Flugzeug. Die Fahrt Basel – Moskau retour kostet im Schlafwagen rund 700

Franken. Zusätzlich zum Visum für Russland müssen Schweizer, die mit der Bahn nach Russland reisen, ein Transitvisum für Weissrussland organisieren. «Die meisten unserer Kunden sind Russen und Weissrussen», sagt Waleri Parfionow, der zweite Kondukteur, «mit Flugangst und mit viel Gepäck».

Karlsruhe, 20.18 Uhr. Auch die vierköpfige Familie, die zusteigt, fährt in den Winterferien in die alte Heimat Weissrussland. «Früher benutzten viel mehr Touristen aus Westeuropa unsere Züge», erzählt Waleri. Früher, als Fliegen noch viel kostete. Früher, als in der DDR Rotarmisten zustiegen.

Nostalgische Landsleute bevorzugen manchmal noch heute den Zug, weiss Sergei. Die Schlafabteile mit rotem Teppich und pastellgrünem Interieur versprühen Sowjetcharme. Sie sind karg und doch irgendwie komfortabel.

«Sei gelobt, Volk der Gewinner», steht auf den Kaffeetassen, die an das Ende des Zweiten Weltkriegs erinnern sollen. Seine Familie, so Waleri, stehe seit über hundert Jahren im Dienst der Russischen Staatsbahnen. Sein Urgrossvater und sein Grossvater waren bereits im zaristischen Russland Eisenbahner, der Vater in der UdSSR. Kondukteure wie Waleri, der seit dreissig Jahren auf Achse ist, waren zu Sowjetzeiten privilegierte Leute, da sie in den Westen reisen durften.

Frankfurt am Main, 22.17 Uhr. Die drei letzten Passagiere für heute steigen zu. Der eine Schaffner legt sich schlafen, der andere wacht. «Eine kurze Reise» sei seine erste Fahrt in die Schweiz gewesen, erzählt Waleri. In die Mongolei seien sie fast doppelt so lange unterwegs. Wenn er zehn Tage von zu Hause weg sei, vermisse er seine Familie. «Aber wenigstens bleibt dann keine Zeit zum Streiten», sagt er und lacht. Früher habe er auf seinen Fahrten oft seinen Sohn mitgenommen. Dieser, mittlerweile 22-jährig, führt nun als Schaffner die Familientradition der Parfionows in fünfter Generation weiter.

Am Samstagmorgen um 4 Uhr kommt der Schlafwagenzug in Berlin an, am Mittag pünktlich in Warschau.

Zweieinhalb Stunden Verspätung

Brest, Samstag, 19.30 Uhr. An der polnisch-weissrussischen Grenze steht und steht der Zug. Nicht einmal die Kondukteure erfahren, weshalb. Frauen steigen zu, verkaufen Esswaren. Alesia Kolesawa, die Germanistikstudentin, gönnt sich ein Poulet und ein Stück Kuchen. Ihr kleiner Denis spielt mit Sergei und Waleri. Dann geht es weiter.

Minsk, Sonntag früh, 2.05 Uhr. Die acht zahlenden Fahrgäste und der kleine Denis steigen in der weissrussischen Hauptstadt aus. Trotz der zweieinhalb Stunden Verspätung sei die Reise sehr angenehm gewesen, sagt Alesia Kolesawa. «Wir hatten die besten Schaffner der Welt.» Sergei und Waleri winken. Noch elfeinhalb Stunden bis Moskau.

Dieser Beitrag erschien im Tages-Anzeiger vom 30. Dezember 2007 und wurde für die Veröffentlichung im Basler Stadtbuch überarbeitet.

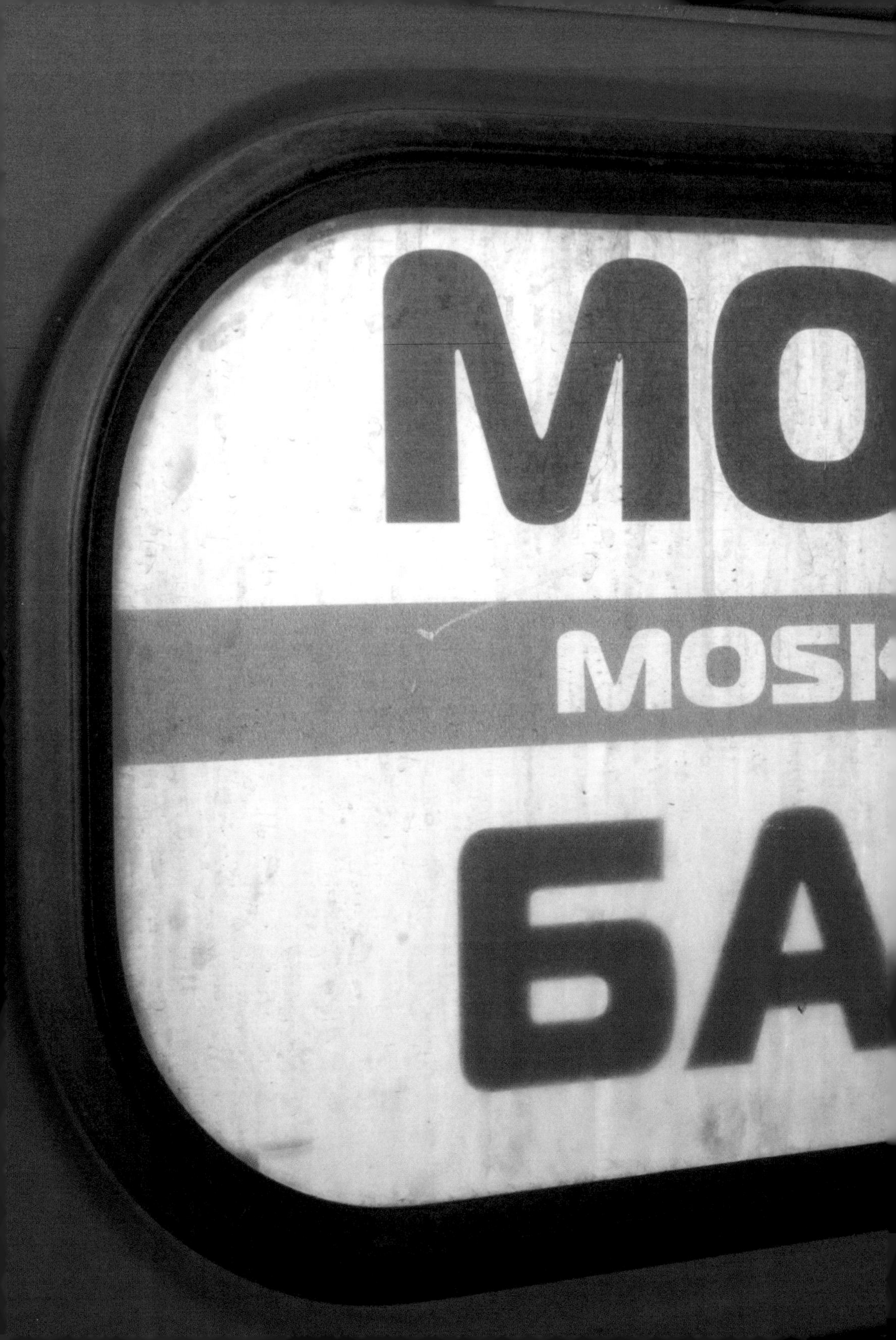
MO
MOSK
БA

СКВА

АU – BASEL

ВЕЛЬ

Stadt und Gesellschaft

Eine Statistik aus dem Jahr 2007, die die Daten der Volkszählung aus dem Jahr 2000 ausgewertet hat, liefert die Zahlen: Es steht 2:1. Das heisst: Für jede Person, die aus der Agglomeration Zürich nach Basel zieht, ziehen zwei aus der Agglomeration Basel nach Zürich.

Im Stadtbuch liefern wir dazu die Bilder: Xenia Häberli hat Alt-Basler an ihrem Lieblingsort in Zürich fotografiert.

Marcel Gromann, Dipl. Bauingenieur ETH, im Botanischen Garten Zürich
Seit 1983 in Zürich

Anita Faes, Bewegungspädagogin, im Letten
Seit 1992 in Zürich

EN VOGUE®
Milan – Zurich – Moscow – Kiev

Doris Struett, Schauspielerin und Szenografin
Seit 1989 in Zürich

Christoph Mörikofer, Schauspieler, Regisseur und Dozent auf dem Dach seiner Wohnung
Seit 2005 in Zürich

Werner Gysin, Produktgestalter HFG, beim Bereitstellen seines Ruderbootes
Seit 1982 in Zürich

Basel in Frauenhänden

Die Politik von Kanton und Bürgergemeinde stand 2007 im Zeichen weiblicher Präsidien

Patrick Marcolli

Sie präsentierten sich am 8. März 2007 stolz den Fotografen, die vier ‹Präsidentinnen› der Stadt Basel. Die politischen und personellen Konstellationen wollten es im vergangenen Jahr, dass erstmals in der Geschichte der Stadt sowohl der Kanton wie auch die Bürgergemeinde von Frauen geführt wurden.

Für die Bürgergemeinde posierten an diesem bewusst gewählten Tag, es war der Internationale Tag der Frau, Bürgergemeinderatspräsidentin Heidi Keller (FDP) – die ihr Amt diskret, mit freundlichem Ton und klar in der Sache ausübt – und Bürgerratspräsidentin Raffaella Kristmann (SP). Die Legislative und Exekutive der Einwohnergemeinde repräsentierten und führten im vergangenen Jahr gleich zwei linke Politikerinnen: Brigitta Gerber (Grünes Bündnis) als Grossratspräsidentin und somit ‹höchste Baslerin› sowie Finanzministerin Eva Herzog (SP) als Regierungspräsidentin. Die Kombination von Familie und Beruf stelle eine Bereicherung dar, sagte Herzog an einer Podiumsveranstaltung am selben Tag – «mir tut das gut, und das wiederum tut meiner Arbeit gut».

Eine frauenspezifische Bilanz soll und kann an dieser Stelle nicht gezogen werden. Doch es gibt einige bemerkenswerte Ereignisse zu verzeichnen – positive wie negative. Wie nahe Freud und Leid, Erfolg und Misserfolg – im Privaten wie im Politischen – bisweilen beisammen liegen, mussten zwei der vier Frauen im Verlauf des Jahres erfahren. Brigitta Gerbers Jahr an der Spitze des Grossen Rats wurde überschattet von einem schweren persönlichen Schicksalsschlag. Nach einer Auszeit übte sie ihr Amt als Grossratspräsidentin aber weiter aus.

Raffaella Kristmann wiederum wurde – bereits nach Ablauf ihres Präsidiums – politisch entmachtet und trat gegen Ende des Jahres aus dem Bürgerrat zurück. Unstimmigkeiten über die Führung des Waisenhauses, die Kristmann oblag, hatten offenbar zu einem Machtkampf geführt. Die Vorwürfe kamen aus der Aufsichtskommission der Bürgergemeinde und dem Bürgergemeinderat. Man warf Kristmann vor, ihre Führungsfunktionen nicht genügend wahrzunehmen. Noch bevor der Bürgerrat ihr das Dossier Waisenhaus entziehen konnte, warf Kristmann das Handtuch.

Regierungspräsidentin Eva Herzog wird das politische Jahr 2007 wohl nur in bester Erinnerung behalten. Gleich zwei eminent wichtige Geschäfte brachte sie durchs Parlament: die Revision der staatlichen Pensionskasse und das Steuersenkungspaket.

Bei der Pensionskasse bestand der politische Drahtseilakt darin, einerseits die Bürgerlichen davon zu überzeugen, dass die rot-grüne Mehrheit in der Regierung gewillt war, die ausserordentlich guten Leistungen der staatlichen Pensionskasse etwas herunterzuschrauben. Anderseits aber mussten Herzog und ihre Regierungskollegen unbedingt vermeiden, die Personalverbände allzu sehr zu verärgern und zu einem Referendum zu treiben. Ein Referendum, an welchem auch schon Herzogs Vorgänger Ueli Vischer (LDP) gescheitert war, hätte möglicherweise ein erneutes Ende der Bemühungen in dieser Sache bedeutet. Die Pensionskassen-Reform wurde vom Grossen Rat Ende Juni mit 86 zu 6 Stimmen angenommen.

Gegen Ende des Jahres stellte Eva Herzog schliesslich ihr Steuersenkungspaket vor. Auf dieses hatten politische Parteien und Öffentlichkeit sehr lange gewartet. Denn der interkantonale Steuerwettbewerb hatte gerade im Jahr 2007 ungesehene Dimensionen angenommen, und der fiskalisch äusserst ungünstig positionierte Kanton Basel-Stadt war immer mehr unter Druck und im kantonalen Vergleich ins Hintertreffen geraten. Das Steuerpaket, welches noch rückwirkend für das Steuerjahr 2008 gelten soll, sieht vor allem weitgehende Entlastungen in den unteren Einkommensklassen sowie für Familien vor. Eingeführt wird ausserdem ein neues System mit nur noch zwei Steuertarifen. Eva Herzog nennt es in Anspielung auf die ‹Flat Tax› die ‹Basel Fair Tax›. Insgesamt wird das Steuerpaket Entlastungen von jährlich rund 155 Millionen Franken bringen. Auch hier hielt sich die Opposition in Grenzen: Die vorberatende Wirtschafts- und Abgabekommission des Grossen Rats liess Herzogs Paket im Kern unverändert. Die bürgerlichen Anliegen wurden durch eine etwas weiter gehende Entlastung bei höheren Einkommen stärker berücksichtigt. Damit das Paket noch fürs Steuerjahr 2008 in Kraft treten kann, mussten zwei bürgerliche Parteien ihre bereits eingereichten Steuerinitiativen zurückziehen: die CVP ihre Initiative zum Abzug der Krankenkassenprämien, die SVP ihre Initiative für eine lineare 10-Prozent-Steuerreduktion. Beide Parteien beanspruchten allerdings wegen dieser Steuerreduktions-Bemühungen eine politische Vorreiterrolle.

Kritik am Steuerpaket gab es dennoch. Zum einen rügten Wirtschaftskreise die rotgrüne Mehrheit, weil der Grosse Rat bei der Beratung des Steuerpakets die Reduktion der steuerlichen Doppelbelastung für Unternehmen gestrichen hatte. Zum anderen wird die vorgesehene Reduktion der Unternehmenssteuer als ungenügend betrachtet.

Eva Herzog selbst geriet ins Visier einiger bürgerlicher Politiker, weil ihr Zeitplan für die Steuerreduktion extrem eng war und den parlamentarischen Prozess aufs Äusserste strapazierte. Doch eine deutliche Mehrheit fügte sich den Vorgaben.

Neu geordnet: Basel-Stadt und seine Gemeinden

Die Primarschulen von Riehen und Bettingen werden zur Gemeindeaufgabe

Andreas Schuppli

Bei der kantonalen Volksabstimmung am 23. September 2007 wurde die Vorlage zur Kommunalisierung der Primarschulen mit 65,9 Prozent Ja-Stimmen gutgeheissen. Mit diesem deutlichen Ergebnis fand ein Grossprojekt seinen Abschluss, welches das Verhältnis zwischen dem Kanton Basel-Stadt und seinen Einwohnergemeinden Riehen und Bettingen neu ordnet. Zuvor hatte bereits der Grosse Rat dem Ratschlagspaket zur Neuordnung des Verhältnisses Kanton/Einwohnergemeinden (kurz: NOKE) zugestimmt, das eine Änderung des Schulgesetzes, eine Revision des Gemeindegesetzes sowie den Erlass eines neuen Finanz- und Lastenausgleichsgesetzes umfasste.

Was ändert sich mit der per Anfang 2008 wirksam gewordenen Neuordnung?

- Wo es von der Sache her sinnvoll ist, übernehmen die Gemeinden anstelle von Geldzahlungen an den Kanton zusätzliche Aufgaben.
- Ein neues Finanzausgleichssystem bringt mehr Transparenz in die Geldflüsse zwischen Einwohnergemeinden und Kanton.
- Eine Revision des Gemeindegesetzes schafft mehr Verlässlichkeit und Verbindlichkeit im Zusammenwirken von Kanton und Einwohnergemeinden.

Ganz im Sinne der neuen Kantonsverfassung sowie der langjährigen Bestrebungen von Riehen und Bettingen wird die Stellung der Gemeinden im Kanton gestärkt. Angelegenheiten des örtlichen Lebensbereichs sollen nach Möglichkeit auf kommunaler Ebene verantwortet werden. Punkto Föderalismus wird der Kanton Basel-Stadt mit der NOKE-Reform somit etwas ‹Schweiz-kompatibler›.

Herzstück der Reform: Primarschulen und Tagesbetreuung

Mit der Kommunalisierung der Primarschulen per Mitte 2009 übernehmen die Gemeinden Riehen und Bettingen gemeinsam die Verantwortung für die Schulbildung aller ihrer Kinder im Kindergarten- und Primarschulalter. Die strategische Verantwortung für die Fortentwicklung der Schulen verbleibt selbstverständlich beim Kanton. Und auch die fachlichen Vorgaben gelten nach wie vor kantonsweit. Es wird keine Insel im harmonisierten Bildungsraum Nordwestschweiz geben. Wie bereits in der Projektphase werden die Gemeinden eng mit dem Erziehungsdepartement zusammenarbeiten. Unter Einbezug des Lehrpersonals bereiten sie den Übergang mit aller Sorgfalt vor.

Seit 1. Januar 2008 liegt zudem die ausserschulische Tagesbetreuung von Kindern ganz in der Zuständigkeit der Gemeinden. Da die Angebote zur Tagesbetreuung bedarfsgerecht und mit den schulgestützten Angeboten abgestimmt sein müssen, war es naheliegend, die Gesamtverantwortung für das lokale Angebot an Betreuungsplätzen bei den Gemeinden anzusiedeln. So kann in einem kommunalen Entscheidungsprozess direkt auf die sich wandelnden Bedürfnisse der Familien reagiert werden.

Kantonsstrassenunterhalt und Grünpflege aus einer Hand

Im technischen Bereich haben die Gemeinden per 1. Januar 2008 die Reinigung und den Winterdienst auf den Kantonsstrassen sowie die gärtnerische Pflege kantonaler Grünanlagen auf Gemeindegebiet übernommen. Dass diese Arbeiten durch eine einzige Organisation – die kommunalen Werkdienste beziehungsweise die Gemeindegärtnerei – ausgeführt werden, bringt Synergieeffekte und entspricht damit dem Gebot der Wirtschaftlichkeit. Auch für die Bevölkerung gibt es nun einen klaren Ansprechpartner, unabhängig vom rechtlichen Status der Strasse beziehungsweise der Grünanlage. Der bauliche Unterhalt der Kantonsstrassen bleibt Sache des Kantons.

Umfassende Neuordnung der Finanzflüsse

Die Gemeinden übernehmen vom Kanton Aufgaben mit einem Kostenvolumen von rund 20 Millionen Franken pro Jahr. Um diese zusätzlichen Aufgaben finanzieren zu können, wurde der Steuerschlüssel zwischen Kantons- und Gemeindesteuern angepasst. Statt bisher 40 Prozent verbleiben nun 45 Prozent der Einkommenssteuern bei den Gemeinden. Diese sind zudem neu an den Erträgen aus der Vermögenssteuer beteiligt. Gleichzeitig wurde der mit falschen Anreizen behaftete bisherige Finanzausgleich durch einen gänzlich neu konzipierten Finanz- und Lastenausgleich ersetzt. Er beinhaltet auch Elemente, welche die Unterschiede in der Steuerkraft und in der Belastung durch zentralörtliche Leistungen der Stadt ausgleichen. Aufs Ganze gesehen wurden die Finanzflüsse so gestaltet, dass der NOKE-Aufgabentransfer vom Kanton an die Gemeinden finanzneutral erfolgt.

Die NOKE-Reform, wie sie auch in der Revision des Gemeindegesetzes ihren Niederschlag gefunden hat, gibt den Gemeinden mehr Handlungsspielraum und eine stärkere Selbstverantwortung. Die Neuordnung wurde in einem ausgesprochen konstruktiven Verhandlungsprozess partnerschaftlich erarbeitet. Damit wurde ein gutes Fundament gelegt, um die Zusammenarbeit und Arbeitsteilung zwischen Kanton und Gemeinden zum Nutzen der Bevölkerung fair und zukunftsorientiert auszugestalten.

Der Sammler auf dem Hörnli

Seit über vierzig Jahren sammelt Peter Galler Objekte der letzten Ruhe – damit der Totenkult nicht zur toten Kultur wird

Ewald Billerbeck

Fünfzig grüne Hektaren, 40 000 stille Gräber und Nischen – das ‹Hörnli›, Basels Zentralfriedhof auf Riehener Boden, die grösste Ruhestätte der Schweiz, feierte 2007 sein 75-jähriges Bestehen. Und mehr als die Hälfte dieser Zeit erlebte Peter Galler den Friedhof am Hörnli, erlebte ihn arbeitend. Der Ort der Toten ist auch ein lebendiger Ort. Gallers Beruf bezeichnete man früher als Totengräber, dann als Grabmacher, heute als Maschinist. Maschinist? Wie denn das? Ist Bestattung nur noch eine maschinelle Angelegenheit? Galler, seit sechs Jahren in Pension, passt der neue Ausdruck auch nicht so recht. Muss man den Akt der Grablegung kaschieren? Und schon sind wir, während wir den symmetrisch angelegten Gräberfeldern entlang Richtung altes Krematorium im Zentrum der Anlage gehen, direkt beim Thema.

Das Wort Anonymisierung fällt mehrfach im Gespräch. Es geht darum, dass Tod, Bestattung und Trauer zusehends aus dem Alltag und dem Bewusstsein unserer heutigen Gesellschaft ausgegrenzt werden. Früher habe der gemeinsame Besuch beim zu Hause aufgebahrten toten Bekannten eine zentrale Rolle gespielt, heute treffe man sich abseits zum kurzen Bestattungstermin, so Galler. Mit zahlreichen Friedhöfen, in Basel waren es einst 26, sei der Tod früher auf selbstverständliche Art allgegenwärtig gewesen. Spalen, St. Elisabethen, St. Theodor, Kannenfeld, Horburg, Äusserer St. Johann – Galler zählt die letzten Friedhöfe auf. Nur der Wolfgottesacker und der israelitische Friedhof wurden nicht aufgehoben. Wer weiss das noch? «Solche Dinge müssten in der Schule unterrichtet werden. Oder ist es wichtiger, die Länge der Chinesischen Mauer zu wissen, als an welchen Orten in Basel man gerade über einen verschwundenen Friedhof tritt?»

Wenn Galler über Tod und Bestattung spricht, setzt er keine Leichenbittermiene auf. Er hat auch keinen Hang zum Makabren, das ist ihm erst recht fremd. Er ist mit seinem Kleinbasler Mutterwitz kein Kind von Traurigkeit; er zeigt sich zugänglich, kommunikativ. Ernst sagt er: «Sicher ist im Leben nur das Sterben.» Und lächelnd fügt er bei: «Ausserdem weiss ich, dass ich kremiert werde und in eine Urne von 1898 komme.» Der

66-Jährige, Vater, Grossvater, passionierter Gärtner, Guggemusikant, Mitglied des gesel-ligen Basler Vereins der Tragbrüder (in der Tradition freiwilliger Helfer bei Begräbnissen), wohnt mit seiner Frau Roswitha auf dem Hörnli. Er hat in all den Jahren auf dem Friedhof den Tod kennengelernt, hat für Tausende von Gräbern fast den ganzen Gottesacker ein-mal umgegraben. Zu seinen Gefühlen beim ständigen Umgang mit dem Tod sagt er nur: «Man muss ausschalten können», und mit der richtigen Einstellung nehme man keinen Schaden. Aber die Bestattung eines Kindes gehe schon nahe, «wenn man gefühlsmässig richtig tickt». Im Übrigen gebe es auch gute Gespräche mit Angehörigen.

Wir sind beim alten Krematorium angelangt. Während Peter Galler die Tür zur Sammlung Friedhof Hörnli aufschliesst, fragt er schmunzelnd: «Erwarten Sie Schädel und Gebeine?» Der Blick fällt zuerst auf den schlichten Basler Staatssarg, dann auf kunstvoll ausgestattete Leichenwagen (25 sind es inzwischen), auf Särge für die einst kleinwüch-sigeren Menschen und auf mächtige Schreine. 150 Urnen aus aller Welt repräsentieren verschiedene Epochen der Feuerbestattung, vom prächtig ornamentierten Pokal bis zum modernen, sehr nüchternen Kunststoffgefäss. Kunstvoll geschmiedete Grabkreuze, aus Frauenhaar gefertigte Andenkenbilder, Trauerkarten aller Art, Glasperlenkränze, Trauer-knöpfe, aber auch chirurgische Implantate als Überreste bei der Verbrennung ergänzen das Kabinett der Sepulkralkultur. «Als makaber hat das noch nie jemand empfunden», sagt Galler. Hat man früher für die letzte Ruhe mehr aufgewendet? «Ja, wenn man das nö-tige Geld hatte; wenn nicht, konnte die Bestattung zur schweren finanziellen Belastung werden.» Die Sammlung bildet nicht zuletzt soziale Unterschiede ab.

Es ist sein Kind, seine Sammlung, die er seit vierzig Jahren in unzähligen Stunden aufgebaut, gepflegt und ergänzt hat; eine private Initiative, einzigartig in der Schweiz, bewundert von Besuchern aus aller Welt. 1994 wurde zur Sicherstellung der Trägerverein ‹Sammlung Friedhof Hörnli› unter dem Vorsitz des damaligen Regierungsrates Christoph Stutz gegründet, seit 1995 ist die Ausstellung ein Museum. Es wird nach wie vor vom pensionierten Grabmacher geleitet, «mit der grossen Hilfe meiner Frau», wie er betont, und ist zweimal im Monat geöffnet. Die Gallers bieten auf Anfrage auch Gruppen-führungen an. Gerade wird das Museum erweitert, es soll mehr Platz geschaffen werden, unter anderem für die grossen Leichenwagen und für eine neue Abteilung, welche die Arbeit auf dem Friedhof, ihre sozialen Aspekte und ihre zunehmende Mechanisierung thematisiert.

Peter Galler wollte als Junge etwas mit Flugzeugen lernen, «aber anstatt in die Luft zu gehen, bin ich, wie man sieht, auf dem Boden gelandet». Er erinnert sich, wie er 1960 ohne Job aus der Rekrutenschule kam, wie er als Gehilfe in der Friedhofsgärtnerei be-ginnen konnte, Gärtner, dann Grabmacher, später Chef der Equipe wurde. Er erinnert sich an den Anfang, als er einmal Urnen entsorgen, das heisst mit dem Hammer zer-schlagen sollte. «Zwei sehr schöne aber behielt ich.» Es war die Initialzündung. Er wurde zum leidenschaftlichen Sammler, kam nie mehr davon los, und sein Bestattungskabinett, zunächst in Friedhofsbaracken untergebracht, wuchs zu einem einmaligen Ort der Erinnerung an vergessene Riten.

Auch wenn Galler nun das Museum erweitert, auch wenn es – gerade im Hinblick auf die Verdrängung des Todes in der Gesellschaft – Spektakuläres bietet, solle es bescheiden bleiben, sagt er, «ein Ort der Würde und des Respekts». Und, jetzt mit Begeisterung: «Unsere Museumsnacht muss man erlebt haben, auch wenn da kein Platz für Belustigung ist.» Dass er Objekte der Totenkultur sammelt, fand Peter Galler noch nie abwegig. «Verrückt ist doch der heutige Alltagsdruck», meint er auf dem Rückweg. Und über die Gräberfelder blickend: Umso mehr brauche es doch die Beschäftigung «mit dem da».

Die Sammlung Friedhof Hörnli im umgebauten alten Krematorium ist jeden ersten und dritten Sonntag im Monat von 10 bis 16 Uhr geöffnet.

Der Ändstraich

Cés Keiser

Langsam wird me alt und älter.
Duss ischs warm – doch jetzt wirds kälter.
Die sinn jung, du bisch e Greis.
Mit Pille, Pülverli, Tablette
versuechsch di z rette,
zellsch uf dy Natur –
zum grosse Ärger
merggsch gly,
d Natur isch stergger.

Hinde zwickts, vorne stichts,
denn stellt sich aine vor mit Namme Parkinson,
und au d Familie Kräbs isch pletzlig Gascht bi mir …

E ganze Katalog vo Bräschte zeigt, dass du,
my liebe Tod vo Basel, zwor mit vyl Geduld
doch unerbittlig wartsch.

Wart bitte wytter – es pressiert jo nit!

Ob du e bitzli friehner oder speeter
im Kryzgang näbem Apithekergärtli
dy Totetänzli zelebriersch, mit mir als Tanzbeglaitig,
kunnt, glaub ich,
doch fir di nit gross druf a! Du hesch jo Zytt –
ych ha si nimm.

Drum gniess y die, wo du mir losch.

Y gniess si Dag fir Dag – us vollem Härz –
bis zue däm wilde Trummelwirbel,
wo du, als alte Basler, mit zwai Knöche in de Händ
uf d Kalbfälltrummle schlohsch.
Der Ändstraich, vorwärts – marsch!

Verschtohsch?

Jä, wenns denn sy muess, muess es sy.
Denn gohsch und stohsch vor d Clique ane,
heggschti Zyt – «Sinn alli do?»
Mer hängge no ne Runde dra – zum letschtemol:
Der ganzi Harscht mit Gostyym, Larve, Requisite,
d Lampe vorus,
Tambuure vorne, d Pfyffer hindedra
und ich als Tambuurmajor mit em Riisekopf –
s Härz wird der waich.

Der Ändstraich, vorwärts – marsch!

Er war der ‹Grand Old Man› der schweizerischen Kabarettszene, der am 4. April 1925 in Basel geborene Hanspeter Keiser. 1951 ging er nach Zürich ans legendäre Cabaret Fédéral. Dort lernte er seine Frau Margrit Läubli kennen, mit der er seit 1962 regelmässig auftrat. Zusammen brachten sie rund zwanzig Programme auf die Bühne und veröffentlichten an die dreissig Tonträger. Noch vor drei Jahren füllten sie mit ihrem neuen Programm ‹Frisch geliftet›, mit den Themen Alter und seinen Gebresten, monatelang das Zürcher Hechtplatztheater. Keiser starb am 25. Februar 2007 im Alter von 82 Jahren.

Das hier abgedruckte Gedicht schrieb Keiser im August 2006. Es wurde an der Abdankungsfeier im Grossmünster in Zürich am 12. März 2007 von seinem Sohn Mathis Keiser vorgetragen.

Eingang BIZ

Ein Architekt und Mäzen alter Schule

Martin Burckhardt starb am 6. Februar 2007

Christian Felber

«Martin Burckhardt baute Häuser und sprach im Nationalrat, er lehrte Architektur und schrieb Bücher, war Historiker und ein unverwechselbarer Zeichner. Er hat seinen Freunden immer ein wenig mehr gegeben als wir ihm geben konnten ...» So beschrieb Prof. Hans Hollmann in seiner Grabrede in der voll besetzten Leonhardskirche am 14. Februar 2007 seinen Freund.

Geboren wurde Martin Burckhardt am 5. März 1921 als jüngstes von fünf Kindern eines Basler Patriziergeschlechtes. Er wuchs in einem harmonischen und kultivierten Umfeld auf und schloss 1940 seine Schulausbildung mit der Matura am Humanistischen Gymnasium in Basel ab. Wie sein Vater studierte er Architektur an der ETH in Zürich, machte sich dann aber in die USA auf und verbrachte nach 1945 einige Jahre in New York und Houston/TX, die ihn stark prägten: Hier lernte er freiheitliche Werte und grosszügiges Denken schätzen. Zurück in der Schweiz gründete er 1951 die Firma Burckhardt Architekten, später Burckhardt und Partner. Als Architekt fand er in Basel dann auch am meisten Beachtung: zum Beispiel mit dem eigenen Bürohaus an der Peter Merian-Strasse (1961/62), mit dem Fabrikationsgebäude Thomi und Franck (1964) und Anfang der 70er Jahre mit der BIZ, der Bank für Internationalen Zahlungsausgleich. Die BIZ beim Bahnhof SBB, im Volksmund ‹Faadespieli› genannt, ist in Basel das auffälligste Bauwerk von Martin Burckhardt geblieben. Viele seiner Bauten waren eng verknüpft mit der Expansion der chemischen Industrie seiner Heimatstadt: Er baute für Ciba, Geigy und Sandoz in Mailand und Sydney, in Barcelona, São Paulo und Paris. Zeitweilig führte er das grösste Architekturbüro der Schweiz, verlor dann aber infolge der Ölkrise und des Konjunkturabschwungs in den 70er Jahren zahlreiche Aufträge und musste sich mehr als ihm lieb war dem, wie er es bezeichnete, «modernen Firmenmanagement» widmen.

Mir persönlich ist Martin Burckhardt als Mäzen begegnet. 1961 hatte er im Kunstmuseum Basel zum Andenken an seinen Vater den August Burckhardt-Koechlin-Fonds für grafische Kunst gegründet, der dem Kupferstichkabinett zahlreiche Ankäufe ermöglichte.

Auch rief er in den 80er Jahren das Tabakskollegium ins Leben, eine Gruppe von finanzstarken Persönlichkeiten, die das kulturelle Leben Basels über Jahre hinaus tatkräftig förderte. Es empörte ihn, dass in den Basler Unternehmen die Patrons mehr und mehr durch profitorientierte Manager abgelöst wurden, welche wenig Interesse an der Stadt zeigten. Er zog sich aus dem Tabakskollegium zurück, förderte aber weiterhin das Architekturmuseum und das Stadttheater.

Als Mitglied der liberalen Partei formulierte er schon früh das Ziel, einen Ausgleich zwischen wirtschaftlichen Interessen und Erhaltung der Natur zu schaffen. «Forschung und Förderung alternativer Möglichkeiten der Energiegewinnung müssen mutig angepackt werden», schrieb er 1988. Gerne erzählte er aus seiner Zeit als liberaler Nationalrat im eidgenössischen Parlament. Ich habe den Eindruck, dass er diese Phase als den Höhepunkt seines Lebens empfand. Doch wird er späteren Generationen eher als bedeutender Architekt denn als Politiker in Erinnerung bleiben.

Martin Burckhardt hatte aber noch anderes als Architektur, Politik oder Mäzenatentum im Sinn: Ihm schwebte das Ideal eines Grandseigneurs vor, eines umfassend gebildeten, zu Freundschaft begabten Wohltäters, der die grossen Fragen seiner Zeit erkennt und nach Lösungen strebt. Und diese Vorstellung hat er in reichem Masse verwirklicht: Er hatte grossartige Ideen, und er hat sie, nicht zuletzt mit seinem weiten Beziehungsnetz und seinem Vermögen, realisiert. Darin ist er jüngeren Generationen zum Vorbild geworden: Er hat sich mit ganzer Kraft und eigenem Geld für die Vaterstadt eingesetzt.

Mit seiner Gattin Veronica Burckhardt-Henrici führte er ein überaus gastfreundliches Haus im Gellertpark. Diesen Park hatte er zusammen mit seinem Bruder Dieter, der zudem noch ein grosses Stiftungskapital zur Verfügung stellte, der Christoph Merian Stiftung und damit der Öffentlichkeit übergeben. Dass heute viele Schulkinder den einstigen Familiensitz für ihren Schulweg benutzen und damit den weitläufigen Park im Gellertquartier beleben, hat ihn bis zuletzt gefreut.

Kultur

Orange-Cinema auf dem Münsterplatz

Pathé Küchlin

Naturhistorisches Museum Basel

Basler Münster

Kaserne Basel

Fixe Strukturen für das Zentrum der Alternativkultur

Auf dem Basler Kasernenareal werden die Weichen für die Zukunft gestellt

Dominique Spirgi

Pascal Biedermann, Geschäftsführer der Kaserne Basel staunte nicht schlecht, als ihm Ende 2006 eine Wasserrechnung in fünfstelliger Höhe auf den Tisch flatterte. Der Grund für die hohe Forderung waren die Wassermengen, die tagaus, tagein in den Brunnen vor der Reithalle flossen: Der Brunnen liegt auf dem Gelände der ehemaligen Kulturwerkstatt, und auch wenn er für die Öffentlichkeit frei zugänglich ist, wird er von den für öffentliche Brunnen zuständigen Industriellen Werken Basel (IWB) nicht als solcher anerkannt. Die für die Liegenschaft und das Areal verantwortliche Amtsstelle Immobilien Basel-Stadt betrachtete sich ebenfalls als nicht zuständig, sodass der Kaserne Basel nichts anderes übrig blieb, als den Wasserhahn zuzudrehen – vorübergehend zum Glück nur, denn eine Aussprache mit den IWB führte im Herbst 2007 zu einem vorläufigen Happy End: Die IWB erklärten sich bereit, das Wasser – explizit als Sponsoring-Beitrag deklariert – zu spendieren.

Dieses Beispiel ist kennzeichnend für die verfahrene Situation, in die das heterogen genutzte und verwaltete Dauerprovisorium Kaserne Jahre nach der Aufbruchstimmung der 1980er Jahre geraten ist: Die ehemalige Kulturwerkstatt hatte sich nur knapp vom finanziellen Desaster erholen können, in das ihr ambitionierter, finanziell aber höchst unglücklich agierender ehemaliger Leiter Eric Bart das Flaggschiff der Alternativkultur im Sommer 2003 manövriert hatte. Jahrelange, zum Teil nur sehr schwer überschaubare Sanierungsarbeiten hatten das Ihre dazu beigetragen, dass die Kaserne Basel inhaltlich schwer ins Trudeln geriet. Exponenten der Basler Popmusik-Lobby gingen mit der Forderung, die Kaserne Basel zu einem reinen Zentrum für Populärmusik umzufunktionieren, sogar so weit, das Kulturzentrum als Mehrspartenbetrieb überhaupt infrage zu stellen.

Aber nicht nur die ehemalige Kulturwerkstatt hatte mit Abnützungserscheinungen zu kämpfen. Die Künstlerateliers und der Ausstellungsraum in der ehemaligen Klosterkirche schräg gegenüber waren mehr und mehr von routinierter Introvertiertheit geprägt, vom Treiben hinter den Mauern der ehemaligen Kirche drang kaum noch etwas nach aussen.

Was den Unterhalt des Areals angeht, fühlten sich dessen zahlreiche Nutzer von den zuständigen staatlichen Stellen allesamt vernachlässigt, was sicherlich mit der Tatsache zu tun hat, dass zahlreiche Ämter aus nicht weniger als fünf Departementen die Verantwortung für Einzelprobleme hin- und herschieben können: Das Finanzdepartement ist Vermieterin, das Baudepartement für Unterhalt und bauliche Entwicklung zuständig, das Erziehungsdepartement für die schulischen und kulturellen Aktivitäten, das Sicherheitsdepartement für die Bewilligung von Sonderveranstaltungen und das Justizdepartement für die mobile Jugendarbeit. Hinzu kommt der Umstand, dass die etwas verzettelte Nutzerstruktur einer konzentrierten Lobbyarbeit bislang im Wege stand. Dies und die den Kanton Basel-Stadt in regelmässigen Abständen heimsuchenden Finanznöte waren übrigens auch dafür verantwortlich gewesen, dass bereits fortgeschrittene Pläne zur Neugestaltung des Areals samt Durchstich zum Rhein Anfang der 1990er Jahre wieder fallen gelassen wurden.

Über fünfzehn Jahre später folgt nun ein neuer Anlauf, die Rolle des Kasernenareals als städtebauliches Herzstück Basels ernst zu nehmen und mit Taten zu würdigen. Das Baudepartement beauftragte die Beratungsfirma Heller Enterprises damit, verschiedene Entwicklungsperspektiven für das Gelände aufzuzeigen. Die Verfasser der Studie skizzierten daraufhin vier Modelle:

1. Alles bleibt beim Alten, das heisst, auch die weitere Entwicklung ergibt sich ohne übergeordnete Planung von innen heraus.
2. Das Kasernenareal wird vermehrt als Gesamtorganismus betrachtet und als organisatorisches Modell verstanden, das die gegenwärtigen und zukünftigen Akteure besser vernetzt und nach aussen vertritt.
3. Das Areal soll als kulturelle ‹Brutstätte› verstanden, und die verschiedenen Nutzer sollen von einer Art Generalintendanz strukturell, aber auch inhaltlich miteinander vernetzt werden.
4. Das Kasernenreal bekommt eine neue Bestimmung und wird inhaltlich zu einem neu und klar zu definierenden kulturellen Leuchtturm.

Parallel zu diesen strukturellen Überlegungen flammte auch die Diskussion über die bauliche Neugestaltung des Areals wieder auf. Werner Abt, Geschäftsführer der Einrichtungsfirma Alinea, sorgte mit der Idee, das Kasernengelände zu fluten und als Motorboothafen zu nutzen, für Aufmerksamkeit. Heimatschützer dachten laut über eine Wiederinstandsetzung der alten Klosterkirche nach. Und mit der Ablehnung der Neubaupläne für das Stadt-Casino auf dem Barfüsserplatz kam die von Architekt Jacques Herzog einmal skizzierte Idee des Neubaus eines Konzerthauses auf dem Areal wieder ins Gespräch. So unterschiedlich diese Vorstellungen auch sein mögen, in einem zentralen Punkt sind sich fast alle einig, nämlich im Wunsch, den Riegel zum Rhein zu durchbrechen. Bei der Frage, ob dies durch einen radikalen Abriss oder lediglich mit einem Durchstich geschehen soll, scheiden sich allerdings die Geister.

Für die baulich zurückhaltendere Variante eines Durchstichs sprachen sich im November 2007 die auf dem Kasernenareal tätigen Kulturinstitutionen sowie Kulturpolitiker aus dem Grossen Rat aus. Sie hatten auf Initiative des Ressorts Kultur im Erziehungsdepartement ein gemeinsames Positionspapier zur inhaltlichen und strukturellen Zukunft der Kaserne ausgearbeitet. Ein Totalabriss des Kopfbaus wurde verworfen, um in den dort frei werdenden Räumlichkeiten zusätzlichen Platz schaffen zu können für neue Nutzer aus dem soziokulturellen Bereich. Aus dem gleichem Grund plädieren die Nutzer aus dem Kulturbereich dafür, die Klingentalturnhalle zum Kulturraum umzufunktionieren.

Was die strukturell-inhaltliche Zukunft der Kaserne Basel angeht, sprechen sich die heutigen kulturellen Nutzer für die Schaffung eines Arealmanagements aus, das sich, mit den entsprechenden Kompetenzen und Ressourcen ausgestattet, für die übergeordneten Anliegen der verschiedenen Nutzer einsetzt, diese besser miteinander vernetzt sowie die verschiedenen Aktivitäten koordiniert. Ihr Ziel ist es auch, dem heterogen genutzten Gesamtareal eine von aussen stärker wahrnehmbare gemeinsame Identität zu geben. Die Basler Regierung hat vom Bericht dieser Arbeitsgruppe «Kenntnis genommen», wie es offiziell heisst. Er soll nun in die Arbeit der interdepartementalen Arbeitsgruppe für die Entwicklung des Kasernenareals einfliessen.

Es tut sich also wieder einmal etwas auf dem Gelände der Kaserne Basel. Inhaltlich sind bereits verschiedene Weichen gestellt worden: Die Kaserne hat mit Carena Schlewitt eine neue Direktorin gewählt, die ab 2008 das finanziell inzwischen sanierte Kulturzentrum auch inhaltlich wieder flottmachen soll. Und auch der Ausstellungsraum Klingental wartet mit einem neuen Leitungsteam auf, das mit spannenden Ausstellungsprojekten bereits frischen Wind in diesen Teil des Areals bringen konnte. Inhaltlich herrscht also schon heute so etwas wie Aufbruchstimmung. Spätestens im Jahr 2012 werden die Hochschule für Kunst- und Gestaltung und wohl auch die Brückenangebots-Schulklassen ihre Räumlichkeiten im als Dauerprovisorium genutzten Kopfbau geräumt haben. Es bleibt also noch etwas Zeit, sich über die bauliche und inhaltliche Zukunft dieses markanten Bauwerks konkrete Gedanken zu machen.

Im Fluss am Kleinbasler Rheinufer

Kuppel

‹Shift›, Freilager Dreispitz

‹Shift›, ein Fest der elektronischen Künste

Das Basler Freilager im Industrie-Areal Dreispitz soll zum Kultur-Areal werden – die Computerkunst bildet die Vorhut

Villö Huszai

Der Basler Dreispitz ist kein verlassenes Industrie-Areal, hier herrscht Hochbetrieb: Lastwagen kommen und gehen, im Hintergrund türmen sich die Container, die Lagerräume sind vermietet. Doch die Christoph Merian Stiftung, Eigentümerin der Liegenschaft, wird das Areal zum Kulturraum umnutzen, hierhin wird in ein paar Jahren die Basler Hochschule für Gestaltung und Kunst umgezogen sein – und hier fand im Oktober 2007 die erste Ausgabe von ‹Shift› statt, des Festivals der elektronischen Künste.

Das Thema der Veranstaltung war ‹Access›, zu Deutsch ‹Zugang›, also genau das, was ‹Shift› mit seiner ersten Ausgabe in Hinblick auf den Dreispitz leistet: Vier Festivaltage lang war das bis vor Kurzem nur autorisierten Personen zugängliche Areal ein Kulturraum, der jedermann offen stand. Eine Art roter Faden von Basels Zentrum in den (noch) peripheren Dreispitz war die Arbeit ‹Red Eyed Sky Walkers›, die den Zugang und die Kontrolle des öffentlichen Raums thematisierte. Die Amerikanerin Jenny Marketou installierte rund um den Tinguely-Brunnen 100 heliumgefüllte rote Wetterballons, die über den Köpfen der Passantinnen und Passanten schwebten. Diese waren zum Teil mit Überwachungskameras ausgestattet, die ständig Bilder produzierten. Das Publikum konnte sich Ballons ausleihen, damit herumgehen und selbst Bilder schiessen. Diese besonderen Überwachungsbilder aus Basels mit Videokameras reich bestücktem Zentrum wurden in Echtzeit auf dem Festival-Gelände gezeigt. So verschaffte sich das Festival am Rande der Stadt telematisch Zugang zum Stadtzentrum.

Wird das Festival es auch in den kommenden Jahren schaffen, die Aufmerksamkeit des Zentrums auf sich und sein hochaktuelles, aber zuweilen doch sehr intellektuelles Grundthema ‹Digitalität› zu lenken? Die erste Ausgabe von ‹Shift› gibt auf diese Frage noch keine Antwort. Der Dialog unter den verschiedenen Künsten, unter den Musikerinnen, bildenden Künstlern und Filmerinnen, werde nicht gleich von Anfang an perfekt gelingen können, gibt Annette Schindler, Direktorin des Basler Medienforums ‹plug.in› und Mitinitiatorin von ‹Shift›, zu bedenken. Doch als Festival mit

einem bescheidenen Budget biete das Festival eben auch mehr Spielraum fürs Experimentieren.

Diesen Spielraum hatte die Vorgängerin von ‹Shift›, die 1980 in einem Luzerner Vorort gegründete ‹Viper›, nicht: Als sie Anfang 2000 nach Basel kam, waren die Erwartungen hochgeschraubt, die ‹Viper› sollte der ‹Medienstadt Basel› zu internationalem Ruhm verhelfen und möglichst *stante pede* zu einem Publikumsmagnet werden. Und in der Tat, Basel ist tatsächlich ein vielversprechender Ort für ein Festival, in dem digitale Medien im Zentrum stehen. Die vier lokalen Institutionen, die ‹Shift› initiiert haben, neben ‹plug.in› waren das die Musikplattform ‹sinus-series›, die ‹Videofilmtage Basel› sowie das DVD-Magazin ‹Compiler›, verkörpern die Lebendigkeit der Basler Medienszene exemplarisch. Auch kann ‹Shift› davon profitieren, dass die Universität Basel seit 2001 ein kulturwissenschaftlich orientiertes Institut für Medienwissenschaft unterhält, das im Rahmen des Festivals eine Kurzkonferenz zu dessen Thema abhielt. Und auch die Basler Hochschule für Gestaltung und Kunst macht sich schon seit mehreren Jahrzehnten um die Bereiche Video und Medienkunst verdient. Kurzum: Wo in der Schweiz, wenn nicht in Basel, sollte ein Festival der elektronischen Künste (insbesondere Musik, bildende Kunst und Video) gedeihen können? Überhaupt ist die lokale Verankerung charakteristisch für ‹Shift›, während ‹Viper› sich stärker international ausrichtete. Ein weiterer wichtiger Unterschied zur ‹Viper› besteht darin, dass ‹Shift› nicht (oder nur am Rande) Wettbewerbe ausschreibt und so nicht davon abhängt, wer welche Beiträge einreicht. ‹Shift› kann die künstlerischen Positionen selbst bestimmen.

Die Ausstellung bot eine entsprechend dichte Auseinandersetzung mit ‹Access› und konnte neben vielen aktuellen Arbeiten auch Klassiker zeigen, wie zum Beispiel ‹File Room› des spanischen Künstlers Muntadas, eine schon 1994 begonnene und bis heute fortgesetzte Online-Arbeit. Sie erfasst Zensur-Vorfälle, also massive Zugangs-Beschränkungen. Durch den Einbezug älterer Werke vermochte das Festival ganz neue Arbeiten wie zum Beispiel das kühne Internetprojekt ‹Picidae› von Christoph Wachter und Mathias Jud als Teil einer Entwicklung darzustellen. ‹Picidae› ist ein Programm, das es erlaubt, technische Internet-Zensurmassnahmen wie die berüchtigte chinesische Firewall, aber auch die Firewall am eigenen Arbeitsort, zu umgehen. ‹Picidae› ist allerdings mehr als nur ein cleveres technisches Tool, es ist ein Kunstwerk, das unseren Sinn für die grundsätzliche Bedingtheit und Kontrollierbarkeit von Wahrnehmung schärfen soll. Es ruft die erkenntnistheoretische Einsicht in Erinnerung, dass niemand genau denselben Zugang, eben ‹Access›, zur Wirklichkeit hat wie ein anderer. Während des Festivals konnten die anwesenden Künstlerinnen und Künstler ihre Arbeiten erklären und sich den Fragen des Publikums stellen.

Der grösste Pluspunkt des neuen Festivals dürfte jedoch im neuen Schwerpunkt ‹elektronische Musik› liegen, der mit zahlreichen Konzerten viel zur Lebendigkeit der ersten Ausgabe beitrug. Nicht zu unterschätzen ist auch der (noch) periphere Ort

Dreispitz, der das enge Beieinander der einzelnen Festivalereignisse, von der Ausstellung über die Konzerte bis hin zum Kinderprogramm, erlaubte: Ausstellung und Restaurant waren in den ehemaligen Betriebsräumen der Firma ‹American Optical› untergebracht, die Konzerte fanden in einem Zelt davor statt und ein anderer Teil des Festivals in Güterwaggons hinter dem Ausstellungsgebäude. Es ist zu hoffen, dass die örtliche Konzentration in den kommenden Jahren zur kreativen Vernetzung innerhalb der Kunstszene und natürlich vor allem mit dem Publikum beiträgt; so könnte es sogar auch zu einer erneuten Verdichtung der alten Rede von der ‹Medienstadt Basel› bis hin zu ihrer Unanfechtbarkeit kommen.

Stadt-Casino

Das Debakel der Casino-Abstimmung

Enttäuschung, Besinnung und der Blick in die Zukunft

Michael Koechlin

Ganz sicher ist man vor einer Volksabstimmung nie, fast ganz sicher schon. Und so waren der Schock, die Enttäuschung und die Trauer gross an jenem sehr warmen Frühsommertag, am Sonntag, dem 17. Juni 2007. Die Basler Stimmbürgerinnen und Stimmbürger hatten mit einer unerwartet grossen Mehrheit das Projekt Neues Stadt-Casino abgelehnt. 53,5 Prozent der Basler Stimmberechtigten hatten ihr Abstimmungs-couvert abgeschickt oder waren an die Urne gegangen. 62,6 Prozent von ihnen hatten ein Nein auf ihren Abstimmungszettel geschrieben. In den wenigen Minuten, in denen Staatsschreiber Robert Heuss im Vorzimmer des Grossratsaales diese trockenen Zahlen bekannt gab, starb – nach fünf Jahren intensiver Projektarbeit – für die Initianten und Promotoren, aber auch für viele Kulturschaffende, Kulturgeniessende und andere Befürworter die Vision eines neuen, modernen, aufregenden und weit über Basel hinaus ausstrahlenden Musikgebäudes im Herzen Basels. Die Gegner, eine erstaunliche Allianz von ganz links und ziemlich rechts, erlebten den Abstimmungstag natürlich anders. Sie feierten ihren Erfolg, stolz darauf, Basel vor einem zu grossen, hässlichen und zu teuren, den Barfi verunstaltenden Neubau gerettet zu haben.

Falsche Einschätzungen, böses Erwachen

Was war geschehen? Die Geschichte bis unmittelbar vor dem 17. Juni 2007 liess das grosse Scheitern nicht erahnen. Regierung, Grosser Rat, wichtige Opinionleader und Opinion-maker aus unterschiedlichsten Kreisen, von den versammelten ehemaligen Grossrats-präsidentinnen und -präsidenten bis zum Vorstand des Rockfördervereins, hatten sich klar, viele mit Begeisterung, für das Projekt von Zaha Hadid ausgesprochen. Private hatten mit einigen grossen und vielen kleinen Beiträgen bis wenige Tage vor der Abstim-mung 37,5 Millionen Franken gespendet. Das wichtige Vorläuferprojekt, die Tramlärm-sanierung am Steinenberg, konnte ohne jeden politischen Widerstand und mit einer gros-sen privaten Spende realisiert werden. Natürlich gab es kritische Stimmen – manche laut,

manche sachlich, einige hässlich. Natürlich wurden Torpedos auf das Projekt abgeschossen. Viele waren Blindgänger, andere trafen zwar nicht, hatten aber trotzdem eine grosse Wirkung. Zum Beispiel der mit der Behauptung, die Casino-Gesellschaft habe ihre Finanzen nicht im Griff, oder der Barfüsserplatz könne nicht mehr für populäre Veranstaltungen genutzt werden. Die Gegenbeweise, der sehr solide, von einer unabhängigen Fachstelle geprüfte und für gut befundene Finanzplan oder die Pläne mit der gut sichtbaren minimalen Reduktion der Barfi-Fläche um ganze 150 m², hatten als rationale Argumente gegen irrationale Befürchtungen und Ängste keine Chance. Sogar ein Schattenwurf durch den geplanten Neubau wurde vorausgesagt, dessen Eintreten astronomisch unmöglich gewesen wäre. Dass hinter diesen Bedenken dann aber am 17. Juni 2007 eine Mehrheit von 62,6 Prozent der Stimmenden stehen würde, hatten die Befürworter nicht erwartet. «Nicht dieses Projekt, nicht auf unserem Barfi.» Die Macht, welche die Verbindung der Ablehnung der Ästhetik eines genialen, aber sehr anspruchsvollen Architekturprojektes mit dem Schutzreflex für den eigenen Barfi entwickelte, hatte man unterschätzt. Dagegen hatten die Befürworter zu wenig, zumindest eine zu wenig wirksame Informations- und Aufklärungsarbeit geleistet. Sie hatten sich durch die Unterstützung von Regierung, Parlament und weiten Kreisen der öffentlichen Meinung zu sicher gefühlt.

Eine Analyse und ihre Erkenntnisse

Woran ist die Vision Neues Stadt-Casino an der Urne gescheitert? Die Regierung wollte es genau wissen. Sie beauftragte das bekannte Meinungsforschungsinstitut gfs.bern mit einer Abstimmungsanalyse, die am 6. November 2007 publiziert wurde. Die 46 Seiten umfassende Studie bestätigt viel bereits Gesagtes. Das Nein war erstens ein Nein zur Dimension, zur Grösse des Projekts; zweitens ein Nein zu diesem Projekt am hochsensiblen Barfüsserplatz; drittens ein Nein zum architektonischen Umgang mit dem historischen Stadtkern; viertens ein Nein zum von vielen als ungenügend empfundenen Einbezug der Bevölkerung in den Entwicklungsprozess des Projektes. Nun könnte man diese Erkenntnisse mit ins Grab der Vision Neues Stadt-Casino von Zaha Hadid legen, die Casino-Gesellschaft noch die letzten Projekttrümmer aufräumen lassen und abwarten, bis das alte Stadt-Casino den letzten AMG-Abonnenten verloren hat, Papa Joe's nicht mehr als trendig gilt und das Gebäude irgendwann von selbst zerbröselt. Das wäre nicht nur eine kulturpolitisch und städteplanerisch kraft- und verantwortungslose Haltung. Es wäre zudem eine, welche weitere zentrale Erkenntnisse der gfs.bern-Studie nicht wahr- und nicht ernst nehmen würde. 72 Prozent der Befragten sind nämlich der Meinung, es solle nochmals über das Projekt nachgedacht werden. 70 Prozent sind davon überzeugt, dass das alte Stadt-Casino die Anforderungen an einen modernen Kulturort nicht mehr erfüllt. Eine grosse Mehrheit der Befragten sprach sich sowohl für den zentralen Standort Barfüsserplatz als auch für die Beteiligung des Kantons an einem neuen Stadt-Casino im Sinne einer Public Private Partnership (PPP) aus.

Ein Nein und ein klarer Auftrag

Das klare Nein an der Urne wird also durch einen ebenso klaren Auftrag aus der Bevölkerungsbefragung ergänzt, ein ‹Demokratie plus›-Paket sozusagen. Der Auftrag aus beidem an die Verantwortlichen der Casino-Gesellschaft, an Politik, Regierung und Verwaltung heisst ganz klar: Erarbeitet ein neues Konzept, ein neues Projekt. Allerdings ohne die Garantie, dass es dann ein Ja geben wird, aber das sind nun einmal die Spielregeln der Demokratie. Wenn wir diesen Auftrag annehmen, können wir nur versuchen, ihn so gut, so intelligent, so kreativ wie möglich zu erfüllen. Es wird ein Balanceakt zwischen innovativer Gestaltung und dem Schaffen einer breiteren Akzeptanz werden, eine Gratwanderung zwischen den wünschbaren und den wirtschaftlich und finanziell realistischen Rahmenbedingungen. Der Regierungsrat hat mit seinem Beschluss vom 6. November 2007, dass Bau- und Erziehungsdepartement mit der Casino-Gesellschaft Gespräche aufnehmen sollen, ein klares Startzeichen gegeben für eine Aufgabe, die bedeutend schwieriger und anspruchsvoller sein wird als der erste, gescheiterte Versuch Neues Stadt-Casino. Aus dem Abstimmungsdebakel und der gfs.bern-Studie lässt sich zwar kein fertiges Projekt ableiten, aber sehr wohl eine grundsätzliche Richtungsvorgabe für das weitere Vorgehen herauslesen.

Zukunft im Footprint des Alten

Das neue Neue Stadt-Casino muss sich in der Dimension und Grösse des jetzigen Baus, oder wie die Architekten sagen, in seinem Footprint, realisieren lassen. In dieser reduzierten Kubatur kann man dann aber keinen zweiten Musiksaal mehr bauen, soll es auch künftig kommerziell nutzbare Flächen geben. Die neue Dreierformel könnte also lauten: grosser Musiksaal, bespielbares Foyer und eine gute Infrastruktur. Das neue Projekt muss eine ganzheitliche Gestaltung des gesamten Barfüsserplatzes beinhalten. Damit der Phönix neues Neues Stadt-Casino sich als überzeugender Neubau aus der Asche des Abstimmungsdebakels vom 17. Juni 2007 erheben kann, braucht es enorm viel Energie, ein grosses Engagement, planerisches Geschick und politisches Fingerspitzengefühl. Es braucht eine junge, dynamische Trägerschaft, und es braucht eine lebendige PPP. Die kulturpolitischen und städteplanerischen Ziele bleiben dieselben, der Weg muss aber neu definiert und neu gegangen werden. So, wie sich das 72 Prozent der in der gfs.bern-Studie befragten Baslerinnen und Basler wünschen. Ein innovatives, visionäres Architekturprojekt lässt sich nicht aus einer Volksbefragung entwickeln. Rahmenbedingungen, welche eine breitere Akzeptanz dafür schaffen, schon. Eine schmerzvoller und nicht zuletzt auch ziemlich teurer Lernprozess des Jahres 2007.

Chronist der Endzeit

Zum Tod des Malers Jürg Kreienbühl

Aurel Schmidt

Zu Jürg Kreienbühls letzten Werken gehört eine Reihe von Bildern, die er in einer ‹déchetterie›, einer Kehrichtverbrennungsanlage, in der Nähe von Paris gemalt hat. In der auf Hochglanz polierten Welt von heute suchte er seine Motive mit Vorliebe am entgegengesetzten Ende, dort, wo die Armut und die Misere zu Hause sind und sich die sozialen Abgründe auftun.

Er liebte es, Abfallhaufen zu malen, Friedhöfe, von Ölteppichen verseuchte Häfen. Nichts Schönes, nicht Erbauliches. Er hatte eine bestimmte Vorstellung vom Leben, das er an den dunkelsten Orten suchte, weil er überzeugt war, dass er es nur dort finden würde. Das gab seiner Malerei etwas Düsteres, gelegentlich Pathetisches, aber immer auch Authentisches. Malen hiess für ihn Zeugnis ablegen.

Jürg Kreienbühl wurde am 12. August 1932 in Basel geboren. Als junger Mensch hatte er ein Erlebnis, das ihn für das Leben prägte. Der Anblick einer verwesenden, von Maden befallenen Ratte, die er im Jahr 1953 in einer Abfallgrube in Reinach beobachtet hatte, löste in ihm beinahe traumatische Reaktionen aus. Er hat oft davon gesprochen. Mit einem Mal musste er erkennen, dass die Natur eine ungeheuerliche Maschine ist, die alles verschlingt. Sie kam ihm wie etwas Sinnloses vor, wie eine Demütigung des Menschen. Dass der Mensch die Krone der Schöpfung sei, hielt er für blanken Unsinn. Alles stirbt, zerfällt, löst sich auf, geht zu Grunde. Nirgends ist ein Sinn, eine Hoffnung, ein Ausweg.

Das waren Kreienbühls nihilistische Jahre. Mit 24 zog er nach Paris, wo er in der Banlieue in einer ‹roulotte›, einem Wohnwagen, unter Zigeunern, Nordafrikanern, Clochards hauste. Aber unter diesen Gestrandeten erfuhr er eine Menschlichkeit, die ihm den Weg zu einem neuen Verständnis des Lebens eröffnete.

Später, als er sich als Künstler einen Namen gemacht hatte, vergass er nie seine Elendsjahre. Clochards in erbärmlichen Verhältnissen, in demolierten Zimmern, an Tischen mit ausgetrunkenen Weinflaschen sitzend, desillusioniert, alles im Detail exakt gemalt, blieben ein bevorzugtes Thema von ihm. Auf diese Weise bekundete er seine

Verbundenheit mit den Armen und Benachteiligten und hatte damit – paradoxerweise – Erfolg.

Seine Erfahrungen prägten seinen Stil. Er malte in realistischer Weise und liess kaum etwas anderes daneben gelten. Es war für ihn ausgeschlossen, die Welt, die er angetroffen hatte, anders wiederzugeben als in einer krassen Art. Bei allem, was er gesehen und erlebt hatte, gab es für ihn keine Möglichkeit, sich einfach in die ästhetische Unverbindlichkeit zurückzuziehen. Wenn es sein musste, konnte er in künstlerischen Fragen sogar richtig rabiat werden. Rote und blaue Quadrate und Kreise riefen einen heiligen Zorn in ihm hervor. Was kann einer, der nichts zu essen hat, damit anfangen? Dabei muss man sich Jürg Kreienbühl als einen Menschen vorstellen, der sich seinen Freunden gegenüber jederzeit liebenswürdig, grosszügig und hilfsbereit verhielt.

Seine grosse Verehrung für den Maler Edouard Vuillard (1868–1940) macht vieles an seinem Werk verständlicher. Doch der Realismus ist heute kein hoch gehandelter Stil. Was aber bedeutete Realismus für Kreienbühl überhaupt? Bedenkt man neben dem Erlebnis mit der toten Ratte und den Erfahrungen in den Bidonvilles auch seine LSD-Versuche, so kann man seine realistische Malweise als Mittel und Methode verstehen, der Essenz, der tieferen Bedeutung auf die Spur zu kommen. Auf die nihilistische Phase seiner Jugend folgte so später eine Zeit, in der er einen Blick hinter die sichtbare Fassade der Erscheinungen warf und eine andere Einstellung zum Leben gewann.

Sein Leben lang beschäftigte sich Kreienbühl auch mit den Naturwissenschaften. Viele Jahre malte er in der 1889 erbauten Galérie de Zoologie im Jardin des Plantes (Muséum national d'Histoire naturelle) in Paris, die 1965 wegen Baufälligkeit für die Öffentlichkeit geschlossen werden musste und 1994 in eine etwas geschniegelte Event-Ausstellungshalle zum Thema Evolution umgewandelt wurde. Er besass einen Schlüssel und konnte sich frei darin bewegen. Die Wissenschafter des Museums gehörten zu seinen engsten Freunden.

An diesem historischen Prachtbau interessierte ihn der desolate Zustand. Das Gebäude zerfiel zusehends, die ausgestopften Tiere verkamen. Es war ein Ort des Abbruchs. Die Atmosphäre inspirierte Kreienbühl. Wo er hinkam, traf er eine Welt in Auflösung an, eine Welt des Verschwindens, zum Beispiel in der lange zuvor aufgegebenen Fabrik in Vendeuvre-sur-Barse, in der einmal Heiligenfiguren aus Gips hergestellt worden waren, oder in der Warteck-Brauerei in Basel, wo ihn die Braukessel aus Messing im Sudhaus faszinierten, bevor wenig später die Produktion eingestellt wurde.

Jede Lebenslage, in die er sich gestellt sah, erwies sich als Niedergang. Er malte Endstationen und wurde zum Chronisten der Endzeit. Es war wie ein vom Schicksal verfügter Auftrag.

Bis zuletzt blieben seine dominierenden Themen – neben Basler Motiven – die Banlieue, die anonymen Vorstadtsiedlungen, die Wohntürme von Nanterre, die mit Krimskrams vollgestopften Interieurs, die Hinterhöfe, die Mülldeponien, die Welt der sozial Deklassierten – die Welt, die an einem äussersten Punkt angekommen ist. Aber in dieser Welt erkannte er auch einen Überlebenswillen und eine versteckte Schönheit, die das Ergebnis einer tiefen menschlichen Verbundenheit ist, wenn erst einmal der Weg dahin durch die tiefsten Tiefen des Lebens geführt hat.

Auf einem Bild, das Kreienbühl vor einigen Jahren gemalt hat, ist er selbst zu sehen, auf dem Bettrand sitzend, mit einem erschütternden Blick in die Leere und Einsamkeit. Im Nachhinein erkennen wir, in welchem Mass das Bild als Aussage des Künstlers über sich selbst zu verstehen ist. In einem Heim in Cormeilles-en-Parisis ausserhalb von Paris ist Kreienbühl, der die Schweizer und die französische Staatsbürgerschaft besass, am 30. Oktober 2007 gestorben, müde und überwältigt von den Strudeln des Lebens. Aber was für ein dichtes und randvolles Leben ist es gewesen.

Dieser Beitrag erschien in der Basler Zeitung vom 3. November 2007 und wurde für die Veröffentlichung im Basler Stadtbuch überarbeitet.

Wissenschaft und Bildung

Thiersteiner Schulhaus

Bläsi Schulhaus

St. Johanns Schulhaus

Die Wirtschaft drängt auf einen gemeinsamen Bildungsraum Nordwestschweiz

Berufsbildung soll zur gleichwertigen Alternative zum Gymnasium werden

Peter Wittwer

Die Schulsysteme im Aargau, in Solothurn und in den beiden Basel werden unter dem Druck der Wirtschaft in den nächsten Jahren umgebaut – leider aber nicht alle in die gleiche Richtung.

Der 29. Mai 2007 dürfte als Durchbruch für die Partnerschaft der Nordwestschweizer Kantone in die Geschichte eingehen. An diesem Tag präsentierten die Erziehungsdirektoren der vier Kantone für viele überraschend ihre bereits recht detaillierten Pläne für einen gemeinsamen Bildungsraum. Via Staatsvertrag soll so dem ‹Kantönligeist› in der Nordwestschweiz zumindest bei den Schulen ab 2011 schrittweise ein Riegel vorgeschoben werden.

Hinter dem Zusammengehen der vier Kantone steckt massiver Druck aus Politik und Wirtschaft. Der neue Bildungsartikel in der Bundesverfassung verpflichtet die Kantone nämlich ausdrücklich zur Koordination ihrer Schulsysteme. Dadurch sollen Mobilitätshindernisse für Familien mit schulpflichtigen Kindern abgebaut und Qualität und Durchlässigkeit des Bildungssystems einer Region, in der 1,2 Millionen Menschen leben und arbeiten, verbessert werden.

Aus Sicht der Wirtschaft sind bei der Umsetzung der 16 Artikel, auf die sich alle Kantone im sogenannten Harmos-Konkordat im Sommer 2007 geeinigt haben, vor allem drei Punkte entscheidend. Zuoberst auf der Forderungsliste von Handelskammer und Gewerbeverbänden steht die Aufwertung der Berufsbildung. Damit auch besser qualifizierte Jugendliche diesen ‹zweiten Königsweg› einschlagen, soll der Entscheid, ob jemand ins Gymnasium wechselt oder eine Berufslehre antritt, möglichst ans Ende der obligatorischen Volksschulzeit verschoben werden. Dieser Forderung wird im Bildungsraum-Konzept der Nordwestschweizer Kantone dadurch Rechnung getragen, dass in Zukunft die Dauer der einzelnen Schulstufen vereinheitlicht werden soll. Alle Kinder sollen im vierten Altersjahr eingeschult werden und danach im Regelfall acht Jahre Kindergarten und Primarschule besuchen. Es folgt eine dreijährige Sekundarstufe, über deren Struktur die Meinungen zurzeit allerdings noch weit auseinandergehen, und allenfalls ein vierjähriges Gymnasium.

Die Gestaltung der Sekundarstufe I ist das zweite Themenfeld, in dem sich die Wirtschaftsverbände stark engagieren. Der Gewerbeverband Basel-Stadt begrüsst, dass in Basel mit dem neuen Modell die Schnittstelle zwischen Primarschule und Orientierungsschule wegfällt. Nach sechs Jahren Primarschule sollen die Jugendlichen aber für die letzten drei obligatorischen Schuljahre in drei klar getrennte Leistungsniveaus eingeteilt werden. Das widerspricht allerdings dem vorgeschlagenen Modell mit bloss zwei Niveaus und übergreifenden Leistungsgruppen in den einzelnen Fächern, das in Wirtschaftskreisen kaum Sympathien geniesst.

Ausserdem legen die Wirtschaftsverbände in ihren Stellungnahmen grossen Wert darauf, dass der Leistungswille an den Schulen gefördert wird. Dass im Konzept der vier Regierungen unter dem Obertitel ‹Beschleunigen und Bereichern› neu auch die Begabtenförderung zum Thema wird, kommt von daher ebenso gut an wie die Absicht, einheitliche Anforderungsprofile und Übertrittsverfahren zwischen den Kantonen zu schaffen. Über die Nordwestschweiz hinaus soll festgelegt werden, über welche Fähigkeiten und Kenntnisse eine Schülerin oder ein Schüler am Ende des 2., 6. und 9. Schuljahres in den einzelnen Fächern verfügen sollte.

Nicht nur aus Wirtschaftskreisen wird in diesem Zusammenhang aber immer wieder kritisiert, dass der Wille zur Koordination von Anfang an durch Ausnahmeregelungen und Kompromisse verwässert wird. Sauer stösst dabei nicht nur die Tatsache auf, dass sich der Kanton Aargau anders als die anderen Nordwestschweizer Kantone ins Lager der Frühenglisch-Anhänger schlägt. Die Handelskammer beider Basel bemängelt in ihrer Vernehmlassung zum Harmos-Konkordatsentwurf auch, dass dem Kanton Solothurn bei der Organisation des Gymnasiums ein Sonderzüglein gewährt wird und auch beim Thema Eingangsstufe nicht von vornherein eine einheitliche Regelung angestrebt wird.

Wenn es um die Details der Reform geht, kocht jeder Kanton weiter sein eigenes Süppchen. Um hier eine einigermassen einheitliche Geschmacksrichtung durchzusetzen, ist noch einiges an Lobby-Arbeit der Wirtschaftsverbände gefordert, die im Sinne eines möglichst schrankenlosen Wirtschaftsraumes grosses Interesse an einer möglichst weitgehenden Annäherung der Schulsysteme haben.

Theodors Schulhaus

Mit Leonhard Euler ist zu rechnen – auch heute noch

Zum 300. Geburtsjahr des grossen Basler Mathematikers

Martin Mattmüller

Ausstellungen in Berlin, Chile und Singapur, Kongresse in Russland, Kalifornien und Savoyen, ein rundes Dutzend Jubiläumsbücher und Sondernummern von Zeitschriften, Gedenkmünzen, Sondermarken und Dokumentarfilme: Selten erfährt eine Schweizer Persönlichkeit weltweit so viel Aufmerksamkeit wie Leonhard Euler, dessen Geburtstag sich am 15. April 2007 zum dreihundertsten Mal jährte.[1] Wer war dieser grosse Basler Wissenschafter, und was hat er uns heute noch zu sagen?

Im Pfarrhaus von Riehen aufgewachsen, besuchte Euler schon mit dreizehn Jahren in Basel die Universität. Er machte dort – auch dank Privatstunden bei dem bedeutenden Mathematiker Johann Bernoulli – so grosse Fortschritte, dass er 1727 als noch nicht Zwanzigjähriger an die neu gegründete Akademie in St. Petersburg berufen wurde. Es folgte eine glänzende Karriere, die Euler zum führenden Mathematiker und Naturwissenschafter seiner Generation machte. 1741 wechselte er an die von Friedrich II. wiederbelebte Akademie in Berlin; 1766 kehrte er nach St. Petersburg zurück, wo er 1783 starb.

Euler war ein ungeheuer produktiver Forscher und Lehrer: Nicht einmal die fast völlige Erblindung im Jahre 1771 konnte seine Schaffenskraft hemmen.[2] Sein Werkverzeichnis umfasst über achthundert Forschungsbeiträge, die in den Zeitschriften der bedeutendsten Akademien Europas erschienen. Obwohl er nie regulären Unterricht zu erteilen hatte, verfasste er massgebliche Lehrbücher: zu Algebra und Infinitesimalrechnung, zu Mechanik, Ballistik und Akustik, zu Astronomie, Musiktheorie und Schiffbau. In den ‹Lettres à une Princesse d'Allemagne› fasste er zudem die naturphilosophischen Anschauungen seiner Zeit allgemein verständlich zusammen – ein populärwissenschaftlicher Wurf, der auch heute noch mit Gewinn zu lesen ist.[3] Daneben führte er eine umfangreiche Korrespondenz, die wichtige Einblicke in die Entwicklung seiner Ideen und in die ganze *république des lettres* des 18. Jahrhunderts erlaubt.

Leonhard Euler gehört zu den kreativsten Köpfen in über zwei Jahrtausenden mathematischer Forschung. Sein Werk zeigt eine einmalige Kombination von breiten Interessen und genialen Einsichten, Hartnäckigkeit im Verfolgen seiner Ideen und kritischem Verständnis für die Leistungen von Vorgängern und Zeitgenossen. Seine herausragende Fähigkeit, in allem, was ihm begegnete, mathematische Struktur zu erkennen, soll hier mit ein paar Beispielen belegt werden. Seit Jahrhunderten hatten Lehrer und Schüler in Dreiecken den Höhenschnittpunkt, den Umkreismittelpunkt und den Schwerpunkt konstruiert – und dennoch war es Euler vorbehalten, zu sehen und zu beweisen, dass diese drei Punkte stets auf einer Geraden liegen. Oder die Polyederformel: Jedes Kind kann an einem ‹Klotz› die Ecken (e), die Kanten (k) und die Flächen (f) zählen – aber vor 1750 war niemandem aufgefallen, dass zwischen diesen drei Zahlen immer die einfache Beziehung $e + f = k + 2$ besteht. Und als kürzlich unter Fachleuten nach der schönsten mathematischen Aussage aller Zeiten gefragt wurde, entschied sich die Mehrheit für die Formel, mit der Euler fünf fundamentale Zahlen aus Arithmetik, Algebra, Analysis und Geometrie miteinander ins Joch einer ganz einfachen Gleichung zwingt: $e^{i\pi} + 1 = 0$.

Aus einem Spaziergang über die Brücken von Königsberg, aus der Aufstellung von Soldaten zur Parade, aus Rösselsprüngen und Möndchen, aus Lichtreflexen, Kreiseln und musikalischen Akkorden, aus buchstäblich allem wusste Eulers unersättliche Neugier Mathematik zu gewinnen. Noch in den letzten Tagen seines langen Lebens – bevor er am 18. September 1783 «zugleich zu rechnen und zu atmen aufhörte» – suchte er das Neueste, was es in der Welt gab, in den Griff seiner Formeln zu bringen: die Bahn des damals gerade entdeckten Planeten Uranus und den Auftrieb, der den Gebrüdern Montgolfier den ersten Ballonflug gestattete.

Dabei wäre er nicht auf solche zufälligen Anstösse angewiesen gewesen; an lukrativen Aufträgen für unmittelbar nützliche Forschung fehlte es nie. Eine lange Reihe von Schriften über die Konstruktion von Schiffen, Fernrohren, Kompassen, Uhren, Turbinen, Wasserleitungen und Brücken zeigt, dass da einer nicht im Elfenbeinturm lebensferner Abstraktionen sitzen blieb, sondern seine Erkenntnisse auch in den Dienst der Verbesserung der Lebensverhältnisse stellte. Vieles, was die Zeitgenossen als theoretische Spielerei abtaten, hat erst später seinen ganzen Reichtum offenbart – so etwa Eulers Vorgriff auf die Gruppentheorie, die aus der Quantenphysik nicht wegzudenken ist, oder seine zahlentheoretischen Sätze, von denen ein direkter Weg zu den heutigen Codierungsverfahren im Internet führt.

Seiner Vaterstadt, in die er ja nach seinem frühen Weggang nie mehr zurückgekehrt ist, blieb Euler dennoch verbunden: Er sprach ein Leben lang ‹Baaseldytsch›, korrespondierte mit Freunden und Kollegen in der Heimat und bemühte sich darum, dass seine zahlreichen Kinder das Basler Bürgerrecht erhielten. Im Dienste der strahlendsten Monarchen Europas blieb er dem schlichten Lebensstil seiner Herkunft ebenso treu wie der Religiosität seines Elternhauses.

Zu Recht hat Basel Leonhard Euler zu seinem dreihundertsten Geburtsjahr vielfach geehrt: mit einer Biografie in Comic-Form,[4] mit einem Festakt, bei dem eine Komposition über seine Mondtheorie zur Uraufführung kam, mit Ausstellungen in der Universitäts-bibliothek und im Naturhistorischen Museum, mit einem Wettbewerb, der Hunderte von Trampassagieren dazu motiviert hat, sich über mathematische Rätsel den Kopf zu zerbrechen, mit Filmen im Stadtkino, Führungen und Vorträgen.[5] Es ist mit dem reich-haltigen Jubiläumsprogramm wohl gelungen, den Baslern ihren grössten Gelehrten näher zu bringen: als einen Mann, mit dem auch heute zu rechnen ist.

Anmerkungen

1   Eine gut lesbare Kurzbiografie ist Fellmann, Emil A.: Leonhard Euler. Reinbek 1995 (leider ver-griffen, aber seit 2007 in englischer Übersetzung lieferbar).

2   Von Eulers gesammelten Werken und Briefen sind bisher 74 Bände erschienen: Leonhardi Euleri Opera Omnia. Leipzig / Berlin / Zürich / Basel 1911 –.

3   Euler, Leonhard: Lettres à une Princesse d'Allemagne sur divers sujets de physique & de philosophie (Reprint). Hg. von Srishti D. Chatterji. Lausanne 2003; Euler, Leonhard: Briefe an eine deutsche Prinzessin über verschiedene Gegenstände aus der Physik und Philosophie (Reprint der ersten deut-schen Ausgabe von 1769–1773). Hg. von Andreas Speiser. Braunschweig 1986.

4   Heyne, Andreas K. / Heyne, Alice K. (Text) / Pini, Elena S. (Grafik): Ein Mann, mit dem man rechnen kann. Basel 2007.

5   Informationen über das Jubiläumsprogramm auf der Website http://www.euler-2007.ch/

Gotthelf Schulhaus

Universität Basel

Baselland wird Träger der Universität Basel

Uni-Rektor Antonio Loprieno über aktuelle Herausforderungen für die von ihm geführte Institution

Philip Meyer

Der 11. März 2007 war ein herausragender Tag in der Geschichte der Universität Basel und auch im Leben ihres Rektors Antonio Loprieno. Mit 84,84 Prozent Ja-Stimmen entschied die Stimmbevölkerung des Kantons Basel-Landschaft, dass der Kanton Träger der Universität werden soll. Jahrelang leistete das Baselbiet zwar einen substanziellen finanziellen Beitrag, hatte aber an wichtigen Entscheiden keinen Anteil und musste dafür auch keine direkte Verantwortung übernehmen. Nun gehört die Universität zur Hälfte dem Landkanton.

Für die Mitarbeitenden der Universität habe sich durch den Entscheid des Baselbiets zwar nicht direkt etwas verändert, im täglichen Leben in den Instituten sei der Landkanton nicht spürbar, sagt der Rektor. Die Universitätsleitung spüre den Wechsel jedoch schon. «Das Bewusstsein, dass wir nun zwei Chefs haben, ist grösser geworden», so Loprieno. Es habe sich «wenig für die Kultur der Universität verändert, jedoch viel für die Governance».

Das Rektorat habe nun auf politischer Ebene zwei Ansprechpartner. Schwieriger geworden sei die Arbeit dadurch nicht. In gewissen Verhandlungen könne es für die Universität durchaus positiv sein, dass unterschiedliche Meinungen und Ansprüche vonseiten der Eigner aufeinandertreffen. Das Wichtigste überhaupt sei aber, dass sich beide Partner nun gleichermassen für das Wohl der Universität verantwortlich fühlen.

Mit dem Zustand der Universität ist Loprieno gegenwärtig «sehr zufrieden». Natürlich könne nicht alles, was gemeinhin gewünscht werde, auch umgesetzt werden. Aber: «Wir haben eine Universität, die das bietet, was sie – gemessen an ihren Rahmenbedingungen – bieten kann», sagt Loprieno. Sie habe ein Entwicklungspotenzial, und der Entwicklung liege eine Strategie zugrunde.

Die Ausrichtung auf die beiden Schwerpunkte ‹Life Sciences› und ‹Kultur› sei immer noch richtig. Aber beide seien gleichzeitig «unser Glück und unsere Sorge». Der Schwerpunkt ‹Life Sciences› stehe unter starkem internationalem Konkurrenzdruck, und die

Universität sei gegenwärtig noch nicht in der Lage, in diesem Bereich genügend Studierende nach Basel zu locken. Beides erfordere grosse Anstrengungen. Der Schwerpunkt ‹Kultur› leide unter einem etwas «diffusen» Profil. «Von Shakespeare bis Spice Girls – alles ist Kultur», umschreibt Loprieno das Definitionsproblem. Es sei notwendig, dass die Universität hier einen Kulturbegriff finde, aus dem sich eine klare Strategie ableiten liesse.

Wichtig sei, so Loprieno, auf den lange umstrittenen Forschungsschwerpunkt ‹Sesam› angesprochen, dass die Universität jederzeit das Primat der Politik anerkenne. Die Professorinnen und Professoren könnten sich in ihrem Elfenbeinturm einschliessen und sich auf ihre Forschungsfreiheit berufen. Sie täten jedoch gut daran, die Universität als «eine Struktur der Gesellschaft» zu erkennen. Sie sei in die Gesellschaft eingebunden und dort «grundsätzlich für die Produktion von Wissen zuständig». Die Universität habe deshalb in ihrer Strategie festgeschrieben, dass ihre Schwerpunkte gesellschaftlichen Anliegen entsprechen müssen. «Wir können es uns nicht leisten, an einer wissenschaftlichen Option festzuhalten, die in der Gesellschaft auf Ablehnung stösst.» Zuletzt sei er natürlich froh gewesen, dass hier ein Konsens gefunden werden konnte.

Grossen Handlungsbedarf sieht Loprieno bei der Sicherstellung der Betreuungsverhältnisse. Die Universität ist stark gewachsen. Bald besuchen 10 000 Studierende die Hochschule. In einzelnen Fächern führt dies laut Loprieno zu «Engpässen» im Verhältnis von Professuren und Studierendenzahlen.

Hier will die Universität im Rahmen ihrer Möglichkeiten handeln. Der von einzelnen Instituten wiederholt geforderte – und von der Universität oftmals durchaus gewünschte – Ausbau der Lehre und Forschung ist nicht ganz einfach zu bewerkstelligen, denn die Universität erhält von ihren Eignern nicht einfach mehr Geld. Es wird heute erwartet, dass die Universitätsverantwortlichen laufend überprüfen, ob ihr Angebot noch den aktuellen Anforderungen entspricht. Im Gegensatz zu früher wird seit der Portfolio-Debatte vor fünf Jahren auch offen über die Möglichkeit gesprochen, bestimmte Lehrangebote in Zusammenarbeit mit anderen Schweizer Hochschulen oder überhaupt nicht mehr anzubieten.

Dass einige dies als «Spardruck» empfinden, versteht Loprieno nicht. «Die Universtät steht nicht unter einem Spardruck. Aber sie ist gedrängt, mit den finanziellen Gegebenheiten vernünftig umzugehen.» Und wie jede Institution müsse sie sich mit Entwicklungen in der Gesellschaft auseinandersetzen und Strategien zur eigenen Entwicklung erarbeiten.

Teile der Universität bekundeten gegenwärtig Mühe, diese «Kultur des Wandels» zu integrieren. Stattdessen werde beispielsweise in einigen Bereichen der Kultur- und Geisteswissenschaften eine Art «Kultur der Sorge» gepflegt. «Manchmal kommen Vertreter einer Fachschaft bei mir an und sagen, sie wollten einen Lehrstuhl retten, über dessen Abschaffung nie auch nur gesprochen worden war.» Hier wünscht sich Loprieno etwas mehr Gelassenheit.

Den Einsatz der Studierenden, die sogar öffentliche Protestaktionen lancieren, lobt Loprieno dennoch. Er verstehe jedoch nicht, dass Studierende die «sektorialen Interessen einer Disziplin» vertreten. Denn sie selbst seien ja oft, bedingt durch den Aufbau ihres Studiums, Teil mehrerer Disziplinen. «Zukünftig würde ich mir deshalb wünschen, dass studentische Anliegen sich nicht auf einzelne Disziplinen beschränken, sondern sich auf die Steigerung der Qualität des gesamten Angebots der Universität ausweiten würden.»

Loprieno ist sich durchaus bewusst, dass die durch die Bologna-Reform ausgebildete Ökonomisierung des Studiums auch eine Art Ökonomisierung des Protests hervorgebracht hat. Die Studierenden haben viel stärker nur das auf ihre Kreditpunkte-Tafel abgestimmte Angebot im Blickfeld. «Darauf müssen wir in der Tat aufpassen», so der Rektor.

Die Auswirkungen der Bologna-Reform auf die Universität insgesamt sind laut Loprieno nicht nur positiv. Kritisch hinterfragt er vor allem die Geschwindigkeit, mit der die Reform umgesetzt wurde. «Wir haben in vielen Teilen des Studiums nur die ‹Labels› geändert, nicht aber das Studium angepasst.» Dies hatte «Kinderkrankheiten» zur Folge, die nun angegangen werden müssen. Beispielsweise gebe es plötzlich eine völlig übertriebene Zahl von Prüfungen am Ende des Semesters. Die Vorbereitungen auf die Prüfungen und die Korrekturen nehmen so viel Zeit in Anspruch, dass dies direkte Auswirkungen auf die Betreuung der Studierenden habe. Dies entspreche nicht dem Geist von Bologna: «Wir müssen dringend andere Formen der individuellen Leistungsüberprüfung finden.»

Eine weitere Baustelle sei die in Bologna geforderte Vereinfachung der Mobilität der Studierenden. «Wir sind längst nicht so weit, dass die Kreditpunkte für eine Leistung beispielsweise in Basel und in Bern an der jeweils anderen Universität den gleichen ‹Wert› haben.» Eine primär schweizweite, in zweiter Priorität europaweite Harmonisierung der Leistungsbewertung sei dringend anzustreben. Diese dürfe jedoch nicht dazu führen, dass nachher an allen Universitäten genau dasselbe gelehrt und geforscht werde.

Die oben angesprochene Gelassenheit scheint Antonio Loprieno in Bezug auf seine Zukunft an der Universität verinnerlicht zu haben. Der Frage nach einer möglichen Wiederwahl als Rektor in zweieinhalb Jahren weicht er denn auch mehrmals aus. Andere müssten zur gegebenen Zeit darüber entscheiden. Er betrachtet seine Rolle als Chief Executive Officer des Unternehmens Universität als lediglich geliehen. Sich selbst versteht er als Wissenschaftler, den andere als geeignet angesehen haben, die Rolle des CEO einige Zeit auszufüllen. In seiner persönlichen Lebensplanung gehe er davon aus, in zweieinhalb Jahren in den wissenschaftlichen Betrieb zurückzukehren. «Wenn die Regenz davon ausgeht, im Sinne der Kontinuität sei es sinnvoll, dass jemand länger als vier Jahre im Amt bleibt, dann muss sie diesen Entscheid treffen.»

Archäologie und Geschichte

Halbwalzenstein aus dem spätrömischen Abbruchhorizont, seiner Funktion entsprechend auf ein Mäuerchen gelegt

Das Grabungsteam beim Freilegen archäologischer Schichten

Einer Schulklasse wird erklärt, wie das Mörtelmischwerk funktionierte.

3000 Jahre Münsterhügel

Die Ausgrabungen an der Martinsgasse

Andrea Hagendorn

Auf dem Basler Münsterhügel wird seit mehr als 3000 Jahren gebaut.[1] Die Menschen haben hier in dieser Zeit bis zu 3 m hohe Schichten aus Bauresten, Abbruchschutt und Abfällen aller Art hinterlassen. Kommt es auf dem Münsterhügel zu Bodeneingriffen, sind darum immer auch Mitarbeitende der Archäologischen Bodenforschung anzutreffen, so auch an der Martinsgasse 6 und 8. Der Umbau der Gebäude zu komfortablen Wohnungen und der Neubau einer mehrgeschossigen Tiefgarage mit Liftzufahrt im Hof veranlassten die Archäologische Bodenforschung zur Durchführung einer Rettungsgrabung. (Seite 162) Dabei wurden Zeugnisse aus allen Epochen der Besiedlungs- und Stadtgeschichte freigelegt und für die Nachwelt dokumentiert.[2]

Wohnen in sicherer Lage

Der Basler Münsterhügel versprach aufgrund seiner Topografie Sicherheit und wurde darum schon früh zum Wohnort. Auf dem Martinskirchsporn wurde in der späten Bronzezeit (zwischen 1300 und 800 v. Chr.) eine erste, über längere Zeit bestehende Niederlassung gegründet. Ihr damaliges Aussehen ist noch weitgehend unbekannt. Eindeutiges Zeugnis ist ein grosser Abschnittsgraben, der diese Siedlung auf der von Süden her leicht zugänglichen Seite schützte. Bei der Ausgrabung in der Martinsgasse 6 und 8 wurde er erstmals in seiner ganzen Dimension erfasst: Er hat eine Breite von ca. 9 m und eine Tiefe von mindestens 3 m. Nach seiner Auflassung wurden darin einem Schadenfeuer zum Opfer gefallener Hausrat und Bauschutt der spätbronzezeitlichen Siedlung entsorgt.

Zeugnisse der keltischen Siedlung

Am Ende der Bronzezeit wurde der Münsterhügel verlassen. Erst in spätkeltischer Zeit (um 80 v. Chr.) entstand wieder eine nunmehr fast das gesamte Plateau bedeckende Siedlung. Sie wurde durch eine noch heute in der Rittergasse sichtbare imposante

Wehranlage, den sogenannten ‹Murus Gallicus›, sowie durch eine umlaufende wallartige Befestigung geschützt. Spuren davon fanden sich auch an der Martinsgasse 6 und 8. Zudem weisen grosse Gruben darauf hin, dass sich hier in spätkeltischer Zeit ein Hofareal mit verschiedenen Gebäuden befand. Zwei dieser Gruben waren mit Flechtwerk ausgekleidet, das sich heute nur noch anhand von Staketenlöchern an der Grubensohle nachweisen lässt. Die Gruben dienten sehr wahrscheinlich als Vorratskeller.

Die Siedlung verändert ihr Aussehen

Mit Beginn der augusteischen Zeit (30/20 v. Chr.) wurde die Siedlung auf dem Münsterhügel grundlegend verändert. Die spätkeltischen Bauten wurden abgerissen und eingeebnet. Auch der ‹Murus Gallicus› wurde teilweise abgetragen. Im Grabungsareal an der Martinsgasse 6 und 8 werden diese Veränderungen durch kleine parallele Graben bezeugt, bei denen es sich sehr wahrscheinlich um die Fundamentgraben von in Holzbauweise erstellten Gebäuden handelt. Ihr Verlauf orientiert sich an einer völlig anderen Bauflucht als die Spuren aus keltischer Zeit.

Spätrömische Steinbauten und eine neue Befestigung

In den ruhigen Zeiten des 2. und 3. Jahrhunderts n. Chr. wohnte man nicht auf dem Münsterhügel, sondern auf seinem offenen, an eine Fernstrasse angrenzenden Vorgelände. Erst im ausgehenden 3. Jahrhundert wurde das Hügelplateau erneut besiedelt und mit einer Umfassungsmauer aus Stein befestigt.

Im Grabungsareal weist ein ausgedehnter Mörtelmischplatz auf eine rege Bautätigkeit und die Errichtung von Steinbauten hin. Entlang der Hangkante wurde wieder ein Wall aufgeschüttet und möglicherweise als Wehrgang für die Umfassungsmauer konzipiert. Von dieser fand sich im spätrömischen Abbruchhorizont ein ehemals als Abdeckung der Mauerkrone dienender Halbwalzenstein. (Seite 161)

Frühmittelalterliche Holzbauten

Aus der Zeit zwischen dem 5. und 8. Jahrhundert wurden neue kulturelle Einflüsse und ein Wiederaufleben der Holzbauweise fassbar. Anders als Gebäude aus Stein hinterlassen Holzbauten im Boden oft nur schlecht sichtbare Spuren. Im Grabungsareal wurden Pfostenbauten und zwei Grubenhäuser errichtet, deren Funktion in einem Auswertungsprojekt derzeit untersucht wird.

Eine hochmittelalterliche Grossbaustelle

Erstmals konnte in Basel ein regelrechtes Mörtelmischwerk nachgewiesen werden. (Seite 164) Es wurde irgendwann zwischen dem Ende des 9. und dem Beginn des 11. Jahrhunderts errichtet und funktionierte folgendermassen: In einer mit Flechtwerk ausgekleideten kreisrunden Grube mit einem Durchmesser von ca. 2,50 m wurden Sand, Wasser und gebrannter Kalk zu Mörtel vermengt. Von Menschen oder Tieren wurden dazu die Mischarme um eine zentrale Achse im Kreis bewegt. In einer solchen Anlage konnte in einem Arbeitsgang bis zu 1 t Mörtel angerührt werden. Mörtelmischwerke dieser Grössenordnung lassen daher stets auf die Errichtung von grösseren Steingebäuden in der unmittelbaren Umgebung schliessen.

Gehobenes Wohnquartier im Spätmittelalter

Im Spätmittelalter war der Martinskirchsporn ein beliebtes Wohnquartier der Basler Oberschicht. Im Hofareal der Martinsgasse 6 und 8 wurde mit einer flach fundamentier-ten Mauer neu parzelliert. Die Mauer endete an einem gemauerten, mit einem Mörtel-boden ausgestatteten Tiefkeller. Dieser gehörte wohl zu einem Gebäude, das Matthäus Merian auf seinem Plan aus dem Jahr 1617 als von der Martinsgasse zurückversetzt dar-gestellt hat. Hier lässt sich die bildliche Überlieferung mit archäologischen Befunden ver-binden.

Nutzungsänderungen in der Neuzeit

Im 19. Jahrhundert wurden die Gebäude an der Martinsgasse 6 und 8 umgebaut und beherbergten – wie das gegenüberliegende Blaue und das Weisse Haus – eine Seiden-bandfabrik. In den 1930er Jahren erwarb dann der Kanton die Gebäude, und in das Vorderhaus zog die Alters- und Hinterlassenenversicherung (AHV) ein. Von den neuzeit-lichen Baumassnahmen zeugt noch eine gemauerte Tankzisterne, die mit einer wohl zur Fabrik gehörenden Abortanlage überbaut wurde. Zukünftige Archäologen werden im Hof keine Kulturschichten, sondern eine zweistöckige Tiefgarage vorfinden.

Anmerkungen

1   Hagendorn, Andrea / Deschler-Erb, Eckhard: Auf dem Münsterhügel. Die ersten Jahrtausende.
    Mit einem Beitrag von Guido Lassau. Archäologische Denkmäler in Basel 5. Basel 2007.

2   Hagendorn, Andrea / Stegmüller, Christian / Stelzle-Hüglin, Sophie: Von Befestigungen und
    Grossbaustellen. Erste Ergebnisse der Ausgrabung Martinsgasse 6+8 (2004/1). In: Jahresbericht der
    Archäologischen Bodenforschung 2004. Basel 2006, S. 91–113.

Welche Geschichte hat, welche Geschichte braucht die Stadt Basel?

Peter Haenger, Robert Labhardt

Seit den 1990er Jahren wurden für Baselland, Zürich, Bern, Schaffhausen und Uri mehr-
bändige, nach aktuellen wissenschaftlichen Kriterien erarbeitete Kantonsgeschichten veröffentlicht. In Basel verwarf 1992 ein kleinmütiges, die Kosten scheuendes Stimmvolk
ein ähnliches Projekt in einem von konservativen Kreisen lancierten Referendum. Seither
steht Basels Geschichte gleichsam unter Denkmalschutz. Zwar erschien vor einiger Zeit
die von Georg Kreis und Beat von Wartburg herausgegebene ‹Geschichte einer städtischen Gesellschaft›[1], doch musste sich diese mit einer knappen Darstellung und einigen
wenigen Fallgeschichten begnügen.

Nach wie vor versteckt sich Basels Geschichte in einer Vielzahl von Einzeldarstel-
lungen und Lizenziatsarbeiten. Zu Recht ist denn auch darauf hingewiesen worden, dass
kaum eine Stadt vergleichbarer Grösse derart viele Monografien aufweise wie Basel. Doch
all diese Studien über Basels Gelehrte, Kunstschätze, Zünfte, Häuser und Strassennamen
fristen ein relativ ruhiges Dasein in Bibliotheken und Archiven. Ein Teil von ihnen ist in
Betulichkeit und sanfter Selbstbeweihräucherung befangen und entspricht keineswegs
mehr heutigen wissenschaftlichen und thematischen Ansprüchen. Ein anderer Teil präsentiert sich hoch reflektiert und spezialisiert und richtet sich nur an ein relativ kleines
Fachpublikum. Was fehlt, ist eine Syntheseleistung, die all die disparaten Teilanalysen
zueinander in Beziehung setzt.

Das Ergebnis sollte eine Geschichte der Menschen sein, die in dieser Stadt leben,
die hier Politik, Wirtschaft und Kultur prägen und über existenzielle Fragen wie die
Gestaltung der Zukunft oder den Ausgleich von Gemein- und Sonderinteressen in manchmal harte Auseinandersetzungen geraten. Es sollte weniger eine konventionelle, chrono-
logische Darstellung seit Anbeginn bis heute sein, als vielmehr eine problemorientierte
Erzählung, die ihren Ausgang bei aktuellen Fragestellungen nimmt und der Dynamik und
Vitalität einer städtischen Gesellschaft gerecht wird. Kurz, wir brauchen eine Geschichte,
die in einer Zeit zunehmender Mobilität und Beschleunigung den historischen Wandel

sowie Brüche und Kontinuitäten aufzeigt und zu einer Neudefinition der städtischen Identität beiträgt.

Wesentliche Elemente dieser Identität sind zweifellos Grenzstadterfahrung und soziale Vielschichtigkeit. Als Grenzstadt ist Basel ein Gemeinwesen voller Gegensätze mit allen Erfahrungen der Öffnung und Abgrenzung. Eine Stadt, die zwischen Isolation und Austausch schwankte. Eine Stadt, die einerseits einen auf sich bezogenen Kosmos bildete, andererseits aber auf vielen Ebenen mit der Region und der Welt vernetzt war. Schliesslich ist Basel eine Stadt, die sich zum Zentrum einer die staatlichen Grenzen überschreitenden Region entwickelt hat.

Basel ist zugleich ein vielschichtiges Gemeinwesen mit zahlreichen Geschichten und Perspektiven: ein Gemeinwesen der alteingesessenen Bürger, aber auch des Proletariats und der Arbeiterbewegung. Basel ist ein urbanes Zentrum, in das Immigranten aus allen Teilen Europas und der Welt ihre spezifische Kultur eingebracht haben. Hier haben Frauen für die Gleichstellung gekämpft und Jugendliche gegen das ‹Establishment› agitiert. Kurz, Basel ist eine Stadt der sozialen Differenzen, der Verteilungskämpfe, der Geschlechter- und Generationenkonflikte, aber auch des sozialen Ausgleichs und der Kompromisse zwischen Interessengruppen.

Die Zusammensetzung der Stadtbevölkerung hat sich stark verändert. Neue Bevölkerungsanteile prägen das Gesicht der Stadt mit. Integration gelingt nur, wenn die zugewanderten Menschen in der Geschichte der Stadt auch ihre eigene erkennen. Die Seconda, die das Gymnasium oder die Fachhochschule besucht, soll die Stadt ebenso verstehen wie der zugewanderte Wissenschaftler, der in den Labors der chemischen Industrie forscht. Sie sollen ihre Geschichte nicht bloss als eine Konsequenz globaler Marktlogik verstehen, sondern vielmehr als das Ergebnis einer dynamischen und konflikthaften historischen Entwicklung.

Peter Ackroyd legt den Lesern und Leserinnen im Vorwort seiner grossartigen Geschichte Londons nahe, durch die Zeiten und Strassen zu wandern und sich über die Gleichzeitigkeit des Ungleichzeitigen, über die Vielfalt, Exzentrik und die Gegensätze grossstädtischen Lebens zu wundern.[2] Basel ist zwar keine Weltstadt, kein gigantisches Labyrinth wie London, aber es weist – wie jede andere Stadt auch – eine Vielzahl von Erscheinungen auf, welche die Aufmerksamkeit des Wanderers beanspruchen. Der Überschaubarkeit Basels entsprechend, müsste eine Stadtgeschichte somit als Rundgang durch die Zeiten konzipiert werden. Ein solcher Stadtrundgang böte die Gelegenheit, der Vielschichtigkeit, den Widersprüchen und Gegensätzen nicht nur auf den Hauptstrassen, sondern auch auf Um- und Seitenwegen nachzuspüren.

Wenn schon von ‹Stadtmarketing› gesprochen wird, dann sollten wir konsequenterweise auch über eine geschriebene Geschichte Basels mit Ausstrahlung verfügen, über eine flüssig erzählte, farbige, lehr- und anregungsreiche Geschichte. Eine Geschichte zum Wandern und Wundern. Ihre Ausarbeitung würde zugleich viele Forschungen über all jene Gruppen und Milieus in dieser Stadt initiieren, die bisher noch kaum als Akteure unserer Geschichte wahrgenommen wurden.

Anmerkungen

1   Kreis, Georg/von Wartburg, Beat (Hg.): Basel. Geschichte einer städtischen Gesellschaft. Basel 2000.

2   Ackroyd, Peter: London. The Biography. London 2001.

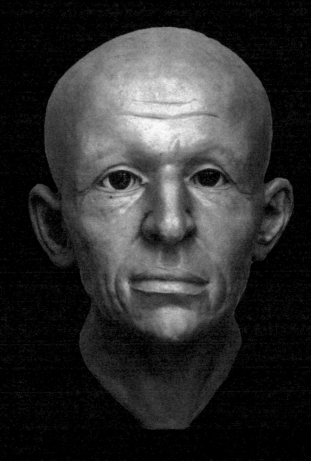

Ein Phantombild vermittelt einen Eindruck von Theos Persönlichkeit.

Theo, der Pfeifenraucher

Aus dem Leben eines Kleinbaslers um 1800

Gerhard Hotz, Liselotte Meyer, Simon Kramis, Fabian Link, Denise Cueni

Mit der Ausstellung ‹Theo, der Pfeifenraucher›[1] präsentierte das Naturhistorische Museum Basel vom 21. Juli bis zum 11. November 2007 erste Forschungsresultate zur noch unbekannten Person eines Arbeiters, der vor über zweihundert Jahren in Kleinbasel gelebt hatte. Gleichzeitig rief das Museum mit Steckbrief und Phantombild die Basler Bevölkerung zur Hilfe bei der Identifizierung des Unbekannten auf. (Seite 172) Der Gesuchte wurde als einer von vielen zwischen 1779 und 1833 auf dem Friedhof der Kirchgemeinde St. Theodor beigesetzt. 1984 wurde sein Skelett zusammen mit denen anderer Bestatteter von der Archäologischen Bodenforschung Basel-Stadt ausgegraben.

Spurensuche am Skelett

Anhand seiner sterblichen Überreste wurden mit anthropologischen und forensischen Methoden sein Aussehen, seine Gesundheit und seine persönlichen Gewohnheiten zu Lebzeiten rekonstruiert.

Nach ersten anthropologischen Untersuchungen des Skeletts von Theo stand fest, dass der unbekannte Kleinbasler ein Alter zwischen 32 und 42 Jahren erreicht hatte. Die Geschlechtsbestimmung ergab ein männliches Individuum von eher grazilem Körperbau und einer geschätzten Grösse von 1,60 m. Abnutzungserscheinungen an der Wirbelsäule (Arthrose) könnten die Folgen schwerer körperlicher Arbeit sein.

Tiefe Rillen im Schmelz von Theos Zähnen zeugen von einer unzureichenden Ernährung. Vielleicht steht diese im Zusammenhang mit Hungerjahren, die er als heranwachsender Knabe durchlebt haben könnte. Mangelnde Mundhygiene führte zu schmerzhafter Karies und fauligem Mundgeruch.

Theo war ein passionierter Pfeifenraucher. Da er seine Pfeife auch bei der Arbeit im Mund behielt, schliff sich das tönerne Mundstück in seine Zähne ein und verursachte so einen runden Defekt. (Seite 174) Zusätzlich litt er an empfindlichen ‹Raucherzähnen›. Um diese zu schonen, trug er die Pfeife irgendwann weiter vorne im Mund. Auf diese Weise entstand die zweite Pfeifenusur.

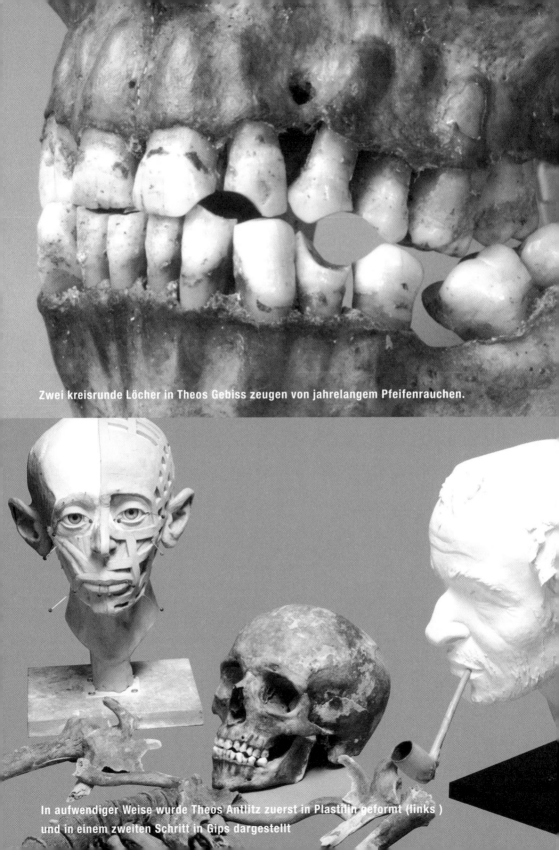

Zwei kreisrunde Löcher in Theos Gebiss zeugen von jahrelangem Pfeifenrauchen.

In aufwendiger Weise wurde Theos Antlitz zuerst in Plastilin geformt (links)
und in einem zweiten Schritt in Gips dargestellt

Das wiedergefundene Gesicht

In Basel hat die Gesichtsrekonstruktion eine besondere Tradition: 1885 gelang es dem Basler Anatom Wilhelm His (1831–1904), das Antlitz von Johann Sebastian Bach zu modellieren. Damit schuf er die erste wissenschaftliche Rekonstruktion eines Gesichts. Mit der berühmten Büste der ‹Pfahlbauerin von Auvernier› setzten der Anatom Julius Kollmann (1834–1918) und der Bildhauer Werner Büchly einen weiteren Meilenstein der Gesichtsrekonstruktion in der Stadt am Rheinknie. Der in Basel wohnhafte Biologe und Bildhauer Gyula Skultéty (geb. 1936) führte die ‹Basler Tradition› fort. Er vereinte die Ansätze und Messungen von His und Kollmann mit der russischen Methode von Michael M. Gerrassimow (1907–1970)[2].

Heute wird die Gesichtsrekonstruktion vor allem in der Kriminalistik zur Identifizierung von unbekannten Toten angewandt. In der Anthropologie dient sie musealen Zwecken: zur Visualisierung historischer Personen.

Die plastische Rekonstruktion von Theos Gesicht entstand in einem aufwendigen Arbeitsprozess. Zuerst wurden auf einem Gipsabguss des Schädels die wichtigen Punkte der berechneten Stärken der Muskeln und der Haut angezeichnet. An diesen Punkten orientierte sich der Rekonstrukteur beim Gestalten von Theos Gesicht. Als Augen wurden anschliessend Glaskugeln in die Augenhöhlen eingesetzt. Die Halsmuskeln wurden aus Plastilin modelliert. Nach dem Gestalten der Ohren, der seitlichen Muskeln und der Mundmuskulatur bildete die Haut die letzte Plastilinschicht auf dem Gesicht. Abschliessend wurden die Gesichtszüge ausgearbeitet, und das vollendete Plastilinantlitz wurde in einem Gipsausguss verfestigt. (Seite 174)

Die Frisur auf dem Gipskopf mit Theos Antlitz passt zu dem hageren Gesicht des Kleinbaslers, in dem sich die ständigen Zahnschmerzen und die körperlichen Leiden als tiefe Furchen und in harten Konturen abzeichnen.

Fahndung nach einem Unbekannten

Basels Friedhöfe waren im 18. und 19. Jahrhundert zu klein. Schon wenige Jahre nach einer Beerdigung wurde ein Grab erneut für eine Bestattung geöffnet. Zahlreiche Klagen über die überfüllten Friedhöfe sind uns aus den Akten des Staatsarchivs überliefert.

In Kleinbasel wurde auf drei Friedhöfen bei der Theodorskirche beerdigt: Auf dem Kirchhof selbst, auf dem Merianschen Totenacker und später auf dem Kleemätteli. Theo wurde auf dem nur 54 Jahre lang (1779–1833) genutzten Merianschen Totenacker bestattet. In diesem Zeitraum verstarben in Kleinbasel 4334 Personen. Alle sind mit Namen, Sterbealter, Beruf oder Herkunft im Beerdigungsregister der Kirche aufgeführt. Bei tragischen Todesfällen konnte der durch den Pfarrer vorgenommene Eintrag schon einmal ausführlicher werden. Ist Theo identisch mit dem unglücklichen Johann Erlacher, der in der bitterkalten Nacht vom 10. auf den 11. Dezember 1798 erfroren ist? Noch wissen wir es nicht.

127 Männer im Alter zwischen 32 und 42 Jahren werden im Register aufgelistet und waren somit Kandidaten für Theos Identität. Mithilfe der ‹Datenbank historischer Personen des Kantons Basel›[3] und dem Grabsteinverzeichnis (Steinbuch) konnten bereits 16 Personen von der Identifizierungsliste ausgeschlossen werden.[4] Samuel Freyburger zum Beispiel wird 1805 mit einem Grabstein in der Allerheiligenkapelle im Steinbuch verzeichnet. Somit scheidet er als Kandidat aus.

Der Personenkreis liess sich unter Anwendung naturwissenschaftlicher Methoden weiter eingrenzen. Mit aufwendigen Strontiumisotopenuntersuchungen[5] konnte mit grosser Wahrscheinlichkeit nachgewiesen werden, dass Theo nicht in Basel aufgewachsen war. 48 in Basel geborene Theo-Kandidaten konnten mit dieser Methode ausgeschlossen werden. Noch verbleiben 63 Namen auf der Identifizierungsliste. Weitere Analysen sind in Arbeit, und es bestehen gute Chancen, dass Theo seinen wirklichen Namen zurückerhält.

Warum einen ‹Nobody› identifizieren?

Beim Forschungsprojekt ‹Theo› ist nicht die Identifizierung das zentrale Anliegen. Vielmehr geht es darum, das ‹unbedeutende Schicksal› eines Kleinbasler Arbeiters oder Handwerkers zu erforschen. Anthropologen, Archäologen und Historiker tragen ihr Wissen über Theo zusammen und versuchen, sein persönliches Leben und sein gesellschaftliches Umfeld zu rekonstruieren. Welchen Beruf übte Theo aus? Wie sah sein Berufsalltag aus? Konnte er mit seinem Handwerk gut überleben? Wie war sein Gesundheitszustand? Wie sah es mit der ärztlichen Versorgung im Kleinbasel aus? Wo wohnte er, und hatte er eine Familie zu ernähren? Mussten die Familienmitglieder mit anpacken, um das Überleben zu sichern? Das Naturhistorische Museum Basel und das Historische Seminar der Universität Basel werden solche und weitere spannende Fragen gezielt erforschen und mit einer Publikation ein interessantes Kapitel zur Basler Stadtgeschichte schreiben.

Anmerkungen

1 Theo ist ein fiktiver Name und leitet sich von seinem Bestattungsort ab, dem Friedhof zu St.Theodor im Kleinbasel.

2 Michail M. Gerrassimow: Ich suchte Gesichter. Schädel erhalten ihr Antlitz zurück. Wissenschaft auf neuen Wegen. Gütersloh 1968.

3 Alfred und Karin Schweizer, die sich selbst als historische Informatiker bezeichnen, haben seit 1997 die Lebensdaten von über 100 000 Personen des Kantons Basel (Stadt und Landschaft) aus der Zeit von 1600 bis ca. 1850 erschlossen. Ihre Datenbank registriert neben Namen, Herkunft, Geburts- und Todesdatum auch die Familienzugehörigkeit.

4 An dieser Stelle möchten wir dem ehrenamtlich arbeitenden Rechercheteam unseren grossen Dank aussprechen: Werner Betz, Hans Peter Frey, Paul Meier und Joseph Uebelhart. Ohne ihren Einsatz wäre die Identifizierung von Theo nicht so weit fortgeschritten.

5 Alistair Pike von der University of Bristol und sein Team führten die Strontiumisotopenanalysen durch.

Tu felix Augusta Raurica

Wieder grosses Theater in Augst!

Beat Rütti

Von Vielen sehnlichst erwartet, konnte das Theater von Augusta Raurica nach elfjähriger Sanierungszeit im Sommer 2007 wieder eröffnet werden.[1] Als Auftakt der Eröffnungsfeierlichkeiten, denen ein Reigen verschiedener Veranstaltungen folgte, tagte das Parlament des Kantons Basel-Landschaft, der Landrat, im Theater. Konzerte und ‹Sandalenfilme› auf Grossleinwand sorgten danach für stimmungsvolle Sommerabende in antikem Ambiente. Höhepunkt der Festivitäten war das zweitägige Römerfest, bei dem das Theater wie in römischer Zeit einem Massenpublikum beste Unterhaltung bot. Heute ist das Römertheater wieder Mittelpunkt und archäologisches Highlight jedes Besuchs von Augusta Raurica. Wie vor 1800 Jahren wird es auch in Zukunft der Unterhaltung dienen: Während der Sommersaison wird es als Bühne für Schauspieler und Musikerinnen viele Zuschauerinnen und Zuschauer aus nah und fern anlocken.

Die Pracht der Macht

Um 200 n. Chr. bot der mächtige Theaterbau im Zentrum der antiken Stadt 10 000 Menschen Platz. In dieser Zeit leistete sich Augusta Raurica gleich zwei Theater: Ausser dem Bühnentheater gab es am südlichen Stadtrand ein Amphitheater mit 13 000 Plätzen. Beide Theater zusammen verfügten damals über mehr Zuschauerplätze als die Stadt Einwohnerinnen und Einwohner zählte!

Das Bühnentheater war Teil der monumentalen Architektur des Stadtzentrums. Mit dem Theater, das zusammen mit einer imposanten Tempelanlage eine architektonische Einheit bildete, demonstrierte der Staat seine imperiale Macht. Neben Veranstaltungen der darstellenden Kunst bot das Theater auch Raum für religiöse Zeremonien und politische Veranstaltungen, so etwa für die Verehrung des Kaiserhauses und der wichtigsten Staatsgötter.

Ein so riesiges Theater mit Zuschauerinnen und Zuschauern zu füllen – der Albtraum eines heutigen Intendanten –, dürfte zur Römerzeit kein Problem gewesen sein. Gab es doch ein weitaus kleineres kulturelles Angebot als in unserer Zeit, und die Möglichkeiten zur Zerstreuung waren – vor allem für die einfache Bevölkerung – nicht eben zahlreich. Zudem besass Augusta Raurica ein dicht besiedeltes Einzugsgebiet. Es reichte von den Hängen des Baselbieter Juras über den Sundgau und den Südschwarzwald bis ins Fricktal. Zu den Vorstellungen strömten deshalb neben den Stadtbewohnerinnen und -bewohnern viele Menschen aus der Umgebung ins Theater von Augusta Raurica.

Kunst …

Das römische Theater zeigte Bühnenstücke, allerdings kein anspruchsvolles Sprechtheater für ein elitäres Publikum. Deftiges für die Masse war gefragt! Beliebt waren derbe Schwänke mit Irrungen und Wirrungen, mit politischen Anspielungen und Obszönitäten. Da flogen die Fetzen, es wurde getreten und geschlagen, geschrien und gelacht. Ab und zu trugen auch Striptease-Einlagen der weiblichen Ensemblemitglieder zur Unterhaltung bei. Blutige Spektakel wie die ausserordentlich beliebten Gladiatorenkämpfe und die Jagden auf Tiere wurden hingegen nicht im Bühnentheater gezeigt, sie fanden im Amphitheater statt.

Weit kunstvoller als das Sprechtheater waren pantomimische Darbietungen, bei denen ein Einzeldarsteller in verschiedene Rollen schlüpfte und mit Masken, Gestik, Akrobatik und Tanz eine Geschichte erzählte. So hatte zum Beispiel im ‹Urteil des Paris› derselbe Künstler nacheinander die liebreizende Venus, die majestätische Juno, die kämpferische Minerva und den jugendlichen Paris darzustellen.[2] Die römischen Pantomimen genossen eine anspruchsvolle Ausbildung und mussten über einen gut trainierten, makellosen Körper verfügen. Sie waren die Stars der damaligen Zeit. Die berühmtesten wurden vom Publikum enthusiastisch gefeiert und mit Geschenken überschüttet. Einige brachten es im Laufe ihrer Karriere zu einem beträchtlichen Vermögen.

… und Kalkül

Die Theatervorstellungen waren für die Bevölkerung gratis. Zugang hatten alle, wobei die Sitzplätze nach sozialem Status und nach Geschlecht aufgeteilt waren. Zuunterst, nahe beim Geschehen, sassen die einflussreichen und vermögenden Bürger, zuoberst, im dritten Rang, hatten die Frauen und Sklaven ihren Platz. Sie sassen zwar weit entfernt von der Bühne, dank einer hervorragenden Akustik verstanden sie aber jedes Wort und hörten jeden Ton. Zudem hatten sie einen grossartigen Blick auf den Tempel, der sich majestätisch auf einem Hügel hinter der Bühne erhob.

Die Theaterspiele wurden von Privatpersonen finanziert. Mit der Veranstaltung von beliebten Bühnenstücken konnte sich der Geldgeber, der in der Regel aus der vermögenden Oberschicht der Stadt stammte, der Sympathie der Bevölkerung und der Entscheidungsträger im Stadtrat versichern und daraus politischen Nutzen ziehen: Wahlkampf auf römische Art.

Anmerkungen

1 Anlässlich der Wiedereröffnung erschien eine Broschüre über die Sanierung des Theaters: Augusta Raurica, Sanierung Szenisches Theater, Augst. Bau- und Umweltschutzdirektion Kanton Basel-Landschaft, Hochbauamt. Liestal 2007. Zur Baudokumentation und Restaurierung vgl. auch Hufschmid, Thomas: Damit wir «in ervahrung bringen mechten, was ess doch fir ‹ein seltzam werck› gwesen ist». Baudokumentation und Restaurierung am Römischen Theater von Augst. In: Basler Stadtbuch 2003. Hg. von der Christoph Merian Stiftung. Basel 2004, S. 136–141. Eine umfangreiche wissenschaftliche Publikation zum Theater ist derzeit von Thomas Hufschmid in Arbeit. Ein Audioguide für einen akustisch begleiteten Rundgang durch das Theater steht den Besucherinnen und Besuchern an der Kasse des Museums Augusta Raurica zur Verfügung.

2 Die Beschreibung einer solchen Darbietung findet sich bei Apuleius: Der goldene Esel. Aus dem Lateinischen von August Rode. Frankfurt a.M./Leipzig 1975, Buch X, S. 29–34.

Architektur und Städtebau

Elisabethenanlage

Theodorsgrabenanlage

Schwarzpark

Kannenfeldpark

Solitudepark

Frischzellenkur fürs Stadtgrün

Seit den 90er Jahren erneuert die Stadtgärtnerei mehr oder weniger sanft die Parkanlagen aus dem 19. Jahrhundert

Michel Ecklin

Wer vom Bahnhof SBB in die Innenstadt gehen will, kommt fast nicht darum herum, die Elisabethenanlage zu durchqueren. Bis vor zwei Jahren war der Park aber alles andere als einladend. Die Wegführung entsprach nicht den Bedürfnissen der Fussgänger, die auf sumpfige Trampelpfade zwischen den knorrigen Bäumen auswichen. Die schummrige Beleuchtung liess manch düstere Ecke gefährlich erscheinen. Der verlotterte Pavillon war Treffpunkt für Bier trinkende Punks, und die Abdankungskapelle des ehemaligen Friedhofs stand leer und war mit Graffiti besprüht. Ihre Erholungs- und Repräsentationsfunktion hatte die mitten in der Stadt gelegene Grünanlage weitgehend verloren.

Im Jahre 2007 verwandelte sich der Park in eine Baustelle. Umgesetzt wird das Siegerprojekt eines Gestaltungswettbewerbs, das den Park heller und aufgeräumter aussehen lassen und so auch für Nicht-Randgruppen attraktiv machen soll. Die Wege werden sich elegant zur Innenstadt schlängeln, und der von einem Grossteil des Unterholzes befreite Park wird mit Kunstwerken ergänzt. Er soll nach dem Wunsch der Regierung eine ‹Visitenkarte der Stadt› sein.

Dass der Park saniert werden soll, befürworteten in der Referendumsabstimmung Ende 2005 aber gerade mal 53,5 Prozent der Stimmberechtigten. Die Gegner des 3,4-Millionen-Projekts, allen voran die Liberalen, sträubten sich angesichts der (damals noch) defizitären Kantonsfinanzen gegen eine «unnötige Luxussanierung». Man dürfe nicht zwanzig gesunde Bäume der «planerischen Selbstverwirklichung» opfern, hiess es im Abstimmungsbüchlein. Zudem müsse vor einer Sanierung das Randgruppenproblem gelöst werden, und gerade Wege seien krummen allemal vorzuziehen.

Hier prallten unterschiedliche Vorstellungen davon aufeinander, wie die städtischen Grünanlagen aussehen sollen und was ihre Gestaltung und ihre Pflege kosten dürfen – exemplarisch für eine ganze Reihe von Parks, die nach dem Abriss der Stadtmauern nach 1850 angelegt worden waren. Seither fanden in den meisten von ihnen nur punktuelle Sanierungen statt, viele Bäume von damals stehen noch. Aus den repräsentativen

Anlagen sind heute zusätzlich Freizeit- und Erholungsräume geworden. Die ursprüngliche Struktur ist in manchem verwachsenen Park heute kaum mehr zu erkennen. Einige Grünflächen werden von der Bevölkerung bestenfalls ignoriert, im schlimmsten Fall als befremdend oder gar als Angstraum wahrgenommen. Ausschliessliche Inanspruchnahme durch Randgruppen oder Jugendliche schliesst andere Benutzergruppen aus. Ganz allgemein hat die Mediterranisierung des öffentlichen Raums in den letzten Jahren den Nutzungsdruck auf die Grünanlagen massiv erhöht.

Die Stadtgärtnerei reagiert seit den 90er Jahren mit einer Reihe von Sanierungen. Auf der Schützenmatte und im Kannenfeldpark zum Beispiel wird versucht, mit neuen Baumgruppen und Strauchentfernungen schrittweise den modernen Ansprüchen gerecht zu werden. Das kann auch mal heissen, dass man als Kompromiss einen fast schon toten Strauch stehen lässt, weil Kinder gerne darauf herumklettern. Ob die Sanierung zu einer umfassenden politischen Diskussion führt, wie im Falle der Elisabethenanlage, oder sukzessive vonstatten geht: Sicher ist, dass die Reaktionen der direkt Betroffenen nicht ausbleiben, und zwar nicht nur, wenn lieb gewordene alte Bäume fallen. Denn die Ansprüche, die die Bevölkerung an ihre Grünanlagen stellt, sind breit gefächert. Deutlich wird das im dicht überbauten Basel Nord, wo mit der Fertigstellung der Nordtangente zwei grosse, aber lange vernachlässigte Grünflächen vollständig neu gestaltet werden, die Voltamatte und die Dreirosenanlage. Eltern wollen saubere und sichere Spielplätze; der Naturschutz fordert biologische Vielfalt und die Vernetzung von ökologischen Räumen; Ältere sehnen sich nach sauberen Sitzbänken, manch Alteingesessener fühlt sich innerlich verbunden mit inzwischen kranken, für Parkbesucher womöglich gefährlichen Bäumen; Jugendliche wollen Freiräume, Anwohner ihre Nachtruhe, Wochenendkicker Fussballtore und Familien Picknicktische. Mit ihrer Abstufung nach Nutzergruppen ist die Gestaltung der Dreirosenanlage ein Kompromiss, der die unterschiedlichen Wünsche unter einen Hut bringt. Das Konzept scheint zwei Jahre nach der Wiedereröffnung aufzugehen. Gleichzeitig ist nicht zu übersehen, dass Parks in dicht besiedelten Quartieren kaum je vollständig vor Verwahrlosung und Vandalismus geschützt werden können.

Bei all den Anforderungen an Grünanlagen überrascht es nicht, dass die Planer bei Sanierungen möglichst viele Akteure einbeziehen müssen, sollen ihre Grünflächen von der Bevölkerung auch wirklich akzeptiert werden. Das nimmt viel Zeit in Anspruch: Die vergleichsweise bescheidene Umgestaltung des Matthäuskirchplatzes (2007 beendet) dauerte fünf Jahre. In anderen Quartieren bietet sich die Gelegenheit, Grünanlagen, die von der Öffentlichkeit kaum als solche wahrgenommen wurden, attraktiver zu gestalten. Dies gilt für den Schwarzpark, der jahrzehntelang nicht öffentlich zugänglich war, und für die Theodorsgrabenanlage, deren Erneuerung Anfang 2008 abgeschlossen sein wird. Mit einer Mischung aus verschiedenen Baumarten und edler Gestaltung versucht hier die Stadtgärtnerei, den Ansprüchen der eher gut situierten Anwohnerschaft Rechnung zu tragen, ohne die traditionell hier ansässigen Alkoholkonsumenten und Hobbyfussballer zu vertreiben. In seltenen Fällen kann sie Grünanlagen dort bauen, wo bisher nichts Grünes wuchs. So entstand 2007 im Zuge einer Neuüberbauung im Gundeli der Falkensteinerpark. Er ist ein Beispiel dafür, dass gelungene Grüngestaltung keinesfalls notgedrungen mit viel Grün einhergehen muss.

Die gleiche Strategie der spartanischen Begrünung hatte die Stadtgärtnerei bereits auf der Claramatte angewandt, die 2006 aus ihrem jahrzehntelangen Dornröschenschlaf geholt worden war (siehe den Beitrag von Sabine Braunschweig im Stadtbuch 2006). Der überwucherte Park wurde, bis auf die Ränder und die neu bepflanzten ehemaligen Parkplätze entlang der Strassen, mit einem begehbaren Belag bedeckt, aus dem der alte Baumbestand ringartig hervorsticht. Die Strategie der Stadtgärtnerei ging auf, der Park wird zu allen Jahreszeiten von höchst unterschiedlichen Bevölkerungsgruppen gut besucht.

Landhof, Nachtigallenpärkli, Rosentalanlage, Horburgpark, Erlenmatte: Der Stadtgärtnerei wird in den nächsten Jahren die Arbeit nicht so schnell ausgehen. Gut und gerne zehn Jahre kann es dauern, bis nach einer Sanierung die Vegetation die von den Planern beabsichtigte Gestalt angenommen hat. Trotz der in den letzten Jahren erfolgten Umgestaltungen dürfte es deshalb auch in Zukunft nicht immer einfach sein, der Bevölkerung Parksanierungen schmackhaft zu machen. Allerdings darf man davon ausgehen, dass sich bis 2018 die Aufregung über die 2007 in der Elisabethenanlage gefällten Bäume gelegt haben wird.

Globalisierung im Taschenformat

Statt zum Trendquartier wird das Wohnviertel St. Johann zum gespaltenen Sozialraum

Kamil Majchrzak

Durch den Umbau des alten Arbeiterquartiers St. Johann wird der Wechsel von der Chemieproduktion zur Finanz- und Dienstleistungswirtschaft sichtbar. Das Quartier verliert dabei nicht nur günstige Wohnungen, sondern mit den fortziehenden Menschen auch seinen Charakter.

Es gibt Quartiere, an denen lässt sich die wirtschaftliche Entwicklung einer Region ablesen, oder es lassen sich gar Tendenzen der gesamten Volkswirtschaft nachzeichnen. Das Wohnviertel St. Johann in Basel Nord ist eng mit der Entwicklung der Stadt als Chemiestandort verknüpft. Das Quartier ist aber nicht einfach ein Arbeiterviertel, sondern seit ehedem ein Ort, wo Menschen aus verschiedensten Herkunftsländern und Kulturen leben und arbeiten. Der gegenwärtig stattfindende Umbau des Quartiers spiegelt zugleich die sozialen Konflikte und die Machtverhältnisse wider.

Das St. Johannquartier ist das einzige in Basel, in dem der Wohnungsbestand seit Mitte der 90er Jahre stetig abgenommen hat. Parallel dazu sank seit Anfang der 90er Jahre auch die Anzahl der Beschäftigten kontinuierlich.

Die sogenannten Life Sciences, an deren Spitze die Pharmariesen Novartis, Roche und Syngenta stehen, erwirtschaften mit ihren Zulieferern 20 Prozent des Bruttoinlandsprodukts des Basler Stadtkantons. Die Finanzdienstleistungen und Versicherungen machen einen weiteren beträchtlichen Teil des kantonalen Haushalts aus. Die 2005 beschlossene Totalrevision der Kantonsverfassung stehe denn auch im Zeichen einer effizienten Zusammenarbeit des Kantons mit der Privatwirtschaft, meint Samuel Hess vom Wirtschafts- und Sozialdepartement. Doch von der Wertschöpfung dieser Zusammenarbeit profitieren nur wenige im Quartier. Dies ist nicht zuletzt eine Konsequenz daraus, dass der Stadtumbau sich nicht so sehr an den Bedürfnissen seiner Bewohner, sondern an der Attraktivität als Wirtschaftsstandort orientiert.

Für diese Entwicklung steht symbolisch der Bau des Novartis Campus. Ein repräsentativer Firmensitz und ein Forschungszentrum in einer abgegrenzten Stadt in der Stadt.

Die Architektur und Raumgestaltung sollen ein subjektives Sicherheitsgefühl vermitteln. Mit grossflächigen Glasfassaden und breit gestalteten Zufahrten wird Transparenz vorgespiegelt auf einem Gelände, das durch einen privaten Sicherheitsdienst bewacht wird, der über einen unterirdischen Übungs-Schiessstand verfügt.

Dabei sind es gerade Multikulturalität, Offenheit und soziales Engagement, die den Reiz des Stadtteils St. Johann ausmachen. Die Basler Gemeinwesenforscherin Gabi Hangartner, die verschiedene Entwicklungsszenarien beim Umbau des St. Johannquartiers untersuchte, kritisiert denn auch den Verlust dieser Stärken: Menschen, die temporär als Mitarbeiterinnen und Mitarbeiter der Novartis kamen, zeigten kein Interesse, sich im Quartier zu integrieren. «Die Energie des Campus geht nach innen, sie ist hierarchisch strukturiert wie eine Firma, ein Quartier ist aber ein loses Netzwerk», schreibt Hangartner in ihrem gerade erschienenen Buch ‹Urbanes Trendquartier oder gespaltener Sozialraum?›[1]. Das Quartier sei dabei, sich zu zersetzen: «Künstler ziehen weg, da die Ateliers teurer werden, aber auch Familien mit Kindern, weil die Mieten steigen oder sie der ewigen Baustelle am Voltaplatz entkommen wollen.»

Die architektonische Gestaltung sozialer Räume und deren sichtbare Abgrenzung von dem Leben und den Beziehungen im Quartier spiegeln zugleich die sozialen Beziehungen und die Lebensqualität in einer globalisierten Welt wider.

Kritik am Vorgehen der Stadt wird nicht geschätzt. Und doch gibt es Menschen, die aufbegehren. Ein Höhepunkt des Widerstandes, eine Art Bewegung zur Schaffung von ‹Gegen-Räumen›, war am 1. Mai 2007 die Besetzung des seit mehreren Jahren leer stehenden Hotels ‹Steinengraben› in der Nähe des St. Johann. Die Aktion, an der sich rund hundert junge Menschen beteiligten, erregte Aufsehen. «Wir wollten auf die prekäre Wohnungssituation aufmerksam machen», erzählt eine der Hausbesetzerinnen, eine 25-jährige Kunststudentin. Die Basler Hausbesetzerszene hat einen festen Kern von mehr als fünfzig Personen. Sie ist gerade in den Quartieren aktiv, die besonders von der derzeitigen Wohnungspolitik betroffen sind. Seit Jahren versucht sie, ein alternatives Wohn- und Kulturzentrum aufzubauen. Teilweise ist dies auch gelungen. Doch solche Häuser im St. Johann wie die ‹Elsie› oder die ‹Hagi› wurden inzwischen abgerissen. Weitere Besetzungen endeten mit der sofortigen Räumung und der Einleitung von Strafverfahren.

Mit der intensiven Bautätigkeit in Basels sozialschwachen Quartieren wird ein Paradigmenwechsel in der kommunalen Wohnungs- und Sozialpolitik sichtbar. Vor dem Hintergrund des Steuerwettbewerbs zwischen den Kantonen wird soziale Verantwortung leicht zum störenden Kostenfaktor.

Anmerkung

1   Hangartner, Gabi: Urbanes Trendquartier oder gespaltener Sozialraum? Szenarien möglicher Auswirkungen des Novartis Campus auf das Basler St. Johann Quartier als Sozialraum. Neu-Ulm 2007.

Villen der Agglomeration

Ein Foto-Essay

Xenia Häberli

Eine Stadt lebt vom Austausch, vom ständigen Kommen und Gehen. Und die Stadt Basel hat natürlich nicht nur ihre internationalen Pendler. Auch die Agglomeration gehört zum Gebilde der Stadt. Architektonisch beziehungsweise städtebaulich kann diese Zugehörigkeit zum Beispiel in den Villen am Stadtrand gefasst werden.

Der neugierige Blick endet meistens schon an den dichten Hecken, welche die Grundstücke umgeben. Buchsbaum, Thuja, Blaue Scheinzypresse. Wer eine stattliche Villa sein Eigen nennt, der will sichergehen, dass er dort ungestört sein Leben leben kann. Manchmal jedoch tut sich ein Spalt auf. Ein geknickter Strauch, ein angelehntes Tor, und den Spaziergängern öffnet sich eine andere Welt. Wer mag hier wohnen? Wie ist die Villa eingerichtet? Kühl und modern? Oder klassisch mit Bibliothek und Billardzimmer? Ein Streifzug …

Kirchen und Religionen

Je internationaler die Mischung an Menschen in der Stadt wird, umso vielfältiger wird auch der Mix an Religionen; eine ‹protestantische Stadt› ist Basel darum schon lange nicht mehr. Im Schwerpunkt-Kapitel beschreibt Anna Wegelin die Anglican Church Basel und ihre Geschichte. In diesem Kapitel porträtiert Wolf Südbeck-Baur den Sikh Khalsa Dalip Singh. Nach Redaktionsschluss wurde die Frage nach der Arbeits- und Aufenthaltsgenehmigung des Basler Strassenwischers auch öffentlich kontrovers diskutiert. Dieser Text will lediglich die Religion der Sikh am Beispiel eines ihrer Vertreter vorstellen. Weitere Informationen zu den Sikhs sind auf der Website der Basler Informationsstelle für Religion ‹inforel› (www.inforel.ch) zu finden.

214 Wolf Südbeck-Baur
Der Strassenwischer mit dem Turban
Der Sikh Khalsa Dalip Singh ist in jeder Hinsicht der Reinheit verpflichtet

Der Strassenwischer mit dem Turban

Der Sikh Khalsa Dalip Singh ist in jeder Hinsicht der Reinheit verpflichtet

Wolf Südbeck-Baur

In gleichmässigem Rhythmus führt Khalsa Dalip Singh seinen Reisigbesen über das Trottoir am Kleinbasler Rheinufer. Der 54-jährige Strassenwischer mit dem weithin leuchtenden safaronefarbenen – so heisst bei den Sikhs orange – Turban lächelt, obwohl er eigentlich nicht viel zu lachen hat. Denn, so erzählt der Asylsuchende mit dem N-Ausweis später in einer Beiz bei Tee und Gipfeli, Ende Oktober 2007 verliere er als temporär Angestellter seine ihm auch aus religiösen Gründen so wichtige Arbeit bei der Stadtreinigung. Khalsas Arbeitsvertrag ist wegen seines nach wie vor hängigen Asylverfahrens befristet. «Seit mehr als 12 Jahren habe ich diesen Stress im Kopf», sagt der Turbanträger mit feuchten Augen, «und seit 23 Jahren habe ich meine Familie in Kaschmir nicht mehr gesehen».

Wehmütig legt Khalsa, ein Amridhari, also ein getaufter Sikh, Fotos von seiner Familie und dem grossen zweistöckigen Haus im indischen Kaschmir auf den Tisch, zeigt seine Frau, seine drei erwachsenen Töchter, seine Mutter. Die Familie betreibt Landwirtschaft, baut Mais, Reis und Gemüse an, bewirtschaftet mit gut vierzig Leuten weit über 200 ha Land. Dennoch könne der Landwirt Khalsa nicht zurück zu seiner Familie. «Sie würden mich in Indien umbringen», sagt er und schüttelt verständnislos den Kopf.

Anfang der 80er Jahre hatte sich Khalsa als einer der Anführer der Sikh-Studentenföderation, die einen eigenen Sikh-Staat Khalistan forderte, am Unabhängigkeitskampf gegen den indischen Staat beteiligt. 1984 verschanzten sich viele Sikhs in ihrem höchsten Heiligtum, dem Goldenen Tempel Darar Sahib in Amritsar. Auf Anordnung von Indira Gandhi, der damaligen Regierungschefin, stürmte die von Hindus dominierte indische Armee den Tempel und schlug den Sikh-Aufstand blutig und brutal nieder. Tausende wurden getötet. Khalsa floh ins benachbarte Pakistan, wo er umgehend verhaftet wurde und elf Jahre im Gefängnis verbrachte. Nach der Entlassung im Jahr 1995 zog er die Flucht in die Schweiz der Heimkehr zu seiner Familie vor, weil zwei seiner Freunde, die nach Indien zurückgekehrt waren, von der indischen Staatsgewalt umgebracht worden seien.

In Basel – Khalsa Dalip Singh schätzt sich überaus glücklich, dass die Stadt ihm Zuflucht gewährt – schlägt er sich mit verschiedenen Beschäftigungen durch. 2005 wird der immer noch nicht als politischer Flüchtling Anerkannte durch die Vermittlung des Sozialamts und die Kulanz des Stadtreinigungsdienstes befristet für zwei Jahre als Strassenwischer angestellt. Dies ist dem Mann mit dem weiss-grauen Bart nicht nur darum ungemein wichtig, weil er der Stadt auf diese Weise etwas zurückgeben kann, sondern auch aus religiösen Gründen. Denn, so erklärt Khalsa, zu den Grundsätzen der Sikh-Religion gehöre es, für seinen Lebensunterhalt zu arbeiten. Ausserdem bringe sein Name Khalsa – ein eigentlich religiöser Name – zum Ausdruck, dass er zur ‹Gemeinschaft der Reinen› gehöre. «Reinlichkeit, Sauberkeit, Hygiene sind Zeichen für die Reinheit des Herzens, sie sind wie ein Spiegel des Herzens», unterstreicht der Sikh. Khalsa geht sogar noch einen Schritt weiter und sagt: «Wo Reinheit ist, ist Gott.» Dabei stehe Reinheit auch sinnbildlich für Aufrichtigkeit.

Die anderen beiden Grundsätze der monotheistischen Sikh-Religion, die auf deren Gründer Guru Nanak (1469–1539) zurückgehen, sind laut Khalsa diese: «Beten zu Gott, dem Allmächtigen, und teilen mit den Anderen.» So steht Khalsa jeden Morgen in aller Frühe um fünf Uhr auf und meditiert eine Stunde oder länger. Feste Gebetszeiten hat Khalsa auch mittags und abends vor dem Schlafengehen. Was die Verpflichtung zum Teilen betrifft, so zeige dies, «dass Gott niemanden vergisst».

2005 gehörte der freundlich zuvorkommende Strassenwischer zu den Mitbegründern des ‹Sikh Zentrum Schweiz›, das als Stiftung organisiert ist. In Basel und Baselland gibt es laut Khalsa etwa 50 Sikhs, in der gesamten Schweiz sind es nach den Angaben des interreligiösen Informationsdienstes ‹inforel› über 500. Im September 2006 wurde in Langenthal ein Gurdwara (Tür des Guru) als Ort des Gottesdienstes mit Versammlungsraum und öffentlicher Küche eröffnet. Hier werde der Gedanke des Teilens konkret. «Alle können kommen, niemand ist ausgeschlossen», bekräftigen Khalsa und sein Kollege Karan Singh, der Dolmetscher bei unserem Gespräch. Denn die Sikh-Religion kenne keinen Unterscheid zwischen Menschen verschiedener Herkunft. Mann und Frau seien seit 1699 gleichberechtigt, als der zehnte Guru Gobind Singh aus einer Reformbewegung heraus die heutige Tradition der Sikhs formte und alle Männer den Beinamen Singh (Löwe) erhielten und die Frauen den Beinamen Kaur (Prinz).

Die Mitglieder der Bruderschaft der Sikhs sind zum Tragen der ‹Fünf K› verpflichtet, der fünf Symbole, die in Punjabi, der Sprache der Sikhs, mit ‹K› anfangen. Kesch: ungeschnittene Haare, die von einem Turban bedeckt sind; Kangha: ein hölzerner Kamm als Zeichen der Sauberkeit; Kachera: Baumwollunterhosen als Beitrag zum sexuellen Masshalten; Kara: ein Stahlarmreif, der den Sikh stets an die Verpflichtung zur Wahrheit erinnert; Kirpan: ein Dolch – Khalsa lupft sein Hemd, und zum Vorschein kommt ein kleiner Dolch, fixiert in einem Schaft – als Symbol dafür, dass Sikhs Schwache und Arme verteidigen.

Sport

«Dem FC Concordia wurde nie etwas geschenkt»

**Ein Gespräch mit Roger Borgeaud und Alexander Radovic
zum 100-jährigen Jubiläum des Basler Fussballclubs**

Roger Ehret

Die ersten Fussballspiele in der Schweiz fanden nach 1850 in vornehmen Genfer Privatschulen statt, in die reiche englische Industrielle ihre Söhne schickten. Vom Genfersee aus gelangte der Sport in andere Landesteile. 1879 wurde der erste Schweizer Fussballverein gegründet, der FC Sankt Gallen, sechzehn Jahre später, 1895, die Schweizerische Football-Association, der auch der erste Basler Verein, der 1893 gegründete Footballclub Basel, der heutige FCB, angehörte. Ihm folgten weitere Basler Vereine: 1894 die Old Boys, 1901 Nordstern und 1907 neben den Black Stars auch der nach dem lateinischen Wort für ‹Einigkeit› benannte F.C. Concordia Basel. Im Gespräch mit dem Clubhistoriker Roger Borgeaud und Alexander Radovic, dem CEO des FC Concordia, ging es um die Geschichte des Vereins, seinen Status und die Zukunftsperspektiven.

Was war und ist ‹typisch Concordia›?
Roger Borgeaud: Unser Club war eher ein Arbeiterverein als ein Herrenclub und ist aus Enthusiasmus und Kameradschaftsgeist heraus entstanden. Diese beiden wichtigen Elemente haben sich bis in die heutige Zeit erhalten. Grosszügige Geldgeber gab es früher nicht, entsprechend war viel Engagement der Mitglieder gefragt. Wir hatten auch kaum je einmal einen eigenen Fussballplatz, unsere Mannschaften haben im Lauf der Vereinsgeschichte an vielen Orten in der Stadt und in der näheren Umgebung gespielt, dort, wo gerade ein Platz frei war, wo man uns manchmal bloss geduldet hat. Dem FC Concordia wurde nie etwas geschenkt, wir mussten für alles hart arbeiten. Seit der Eröffnung des St. Jakob-Stadions im Jahr 1954 waren wir dort als Verein verantwortlich für den Wirtschaftsbetrieb, und wir sind auch heute im neuen Stadion federführend im Bereich des Caterings. Da wurde und wird viel ehrenamtliche Arbeit geleistet, und davon hat unsere Vereinskasse entscheidend profitiert in den letzten fünfzig Jahren.

Alexander Radovic: Auch in anderen Bereichen spielt dieses für den Club typische uneigennützige Engagement eine wichtige Rolle. Bei der Jugendarbeit zum Beispiel, die bei uns nach wie vor an erster Stelle steht und bei der wir ganz konkrete Resultate vorweisen können: Zwei Drittel der Mitglieder unserer ersten Mannschaft stammen aus den eigenen Juniorenteams. Das ist einzigartig in der Schweiz. Wir gelten wie vor vierzig Jahren immer noch als ‹nationaler Talentschuppen›! Charakteristisch ist auch, dass der Club früh erkannt hat, wie wichtig Fussball bei der Integration von Jugendlichen mit ausländischen Wurzeln sein kann. Murat und Hakan Yakin waren Concordia-Junioren, aber auch viele andere haben bei uns gespielt und spielen heute hier. Bei uns können Jugendliche mit Migrationshintergrund lernen, wie sie sich gut integrieren, aber auch, wie Menschen aus verschiedenen Kulturkreisen besser miteinander leben können. Immerhin sind in unseren 26 Frauen- und Männerteams aller Alterskategorien rund dreissig Nationen vertreten. Frauenteams haben wir seit 1989, also seit bald einmal zwanzig Jahren. Wir engagieren uns bei den jungen Spielerinnen und Spielern auch in erzieherischer Hinsicht, also dort, wo andere teilweise bereits resigniert haben: So legen wir zum Beispiel grossen Wert auf gute Umgangsformen und vermitteln diese auch. Und noch ein Bereich, wo sich das Engagement des Clubs zeigt: Seit 2004 gibt es für unsere rund 350 Jugendlichen das Präventions- und Bildungsprogramm ‹sportASSIST› zu Themen wie Ausbildung, Geschlechtergerechtigkeit, Migration, Sucht und Gewalt, das 2005 den Basler ‹schappo›-Preis erhalten hat.

Die erste Mannschaft des FC Concordia, der in der Stadt auch als ‹Congeli› bekannt ist, spielte in seiner Vereinsgeschichte 11 Mal in der höchsten und 34 Mal in der zweithöchsten Spielklasse. In dieser Liga spielen auch heute die besten Teams des Clubs: die Männer in der Challenge League, die Frauen in der Nationalliga B. Der FC Basel konnte mehrmals Schweizermeister und Cupsieger werden und ist seit vielen Jahren unbestritten die ‹Nummer eins› in der Stadt.

    Wie ist es, wenn ein Club immer im Schatten des ‹grossen Bruders› steht?
Roger Borgeaud: Ich denke, dass wir durchaus stolz darauf sein dürfen, die ‹Nummer zwei› zu sein. Und es soll so bleiben. Man darf auch nicht vergessen, dass wir im Lauf unserer Geschichte immer wieder Spieler hervorbrachten, die später beim ‹grossen FCB› Furore machten, zum Beispiel Karl Odermatt. Natürlich gab es früher auch Rivalitäten, wenn man so will. In meiner Juniorenzeit bei ‹Congeli› waren wir sehr stolz, wenn wir die ‹Rotblauen› schlagen konnten. Aber sonst war das Verhältnis immer ein partnerschaftliches, sportliches.

Alexander Radovic: Die Partnerschaft war vielleicht nicht immer sehr gut, aber sie wurde zunehmend besser und ist seit einigen Jahren hervorragend. Gerade in der Junioren-arbeit sind wir heute zwei starke Partner, die für dieselben Ziele arbeiten. Das Verhältnis der beiden Clubs ist sehr respektvoll, da hat niemand eine Profilneurose. Uns ist auch klar, dass der FCB mit viel mehr Geld arbeiten kann, aber wir lamentieren deswegen nicht. Wir müssen eben für jeden Rappen zehnmal mehr kämpfen. Aber wir fühlen uns dabei nicht in einer undankbaren Rolle. Die ‹Nummer eins› zu sein, hat nämlich auch Nachteile: Man steht immer im Rampenlicht und ist auch einem grösseren Risiko aus-gesetzt. Als der FCB in den 80er Jahren in die Nationalliga B absteigen musste, war das mit einem brutalen Imageverlust verbunden. Für einen Club, der immer ganz vorne mit dabei war, kann es, wenn die sportlichen Erfolge plötzlich ausbleiben und er für sechs lange Jahre in der Nationalliga B spielen muss, ein sehr tiefer Fall sein. Wir spielen nicht ganz oben, aber wir sehen das nicht als Nachteil, weil wir so auch weniger exponiert sind.

Zu den Gründern des FC Concordia gehörte Max Zehnder, der an der ersten offiziellen Sitzung des neuen Vereins, die am 7. Juni 1907 in einem Gartenhäuschen im Gundeldingerquartier stattfand, zum ersten Präsidenten gewählt wurde. Er und seine Freunde hatten «ein hoch-gestecktes Ziel», wie man im Jubiläumsbuch ‹100 Jahre FC Concordia Basel›[1] nachlesen kann: «Ein eigener Club! Aber nicht einer wie so mancher andere von kurzer Lebensdauer, nein et-was Ganzes, Bodenständiges sollte es sein!»

> *Wie sehen Sie 100 Jahre nach dieser ambitionierten Aussage*
> *die Zukunft des Vereins?*

Alexander Radovic: Ich hoffe, dass der Club auf seinem geraden Weg weitergehen kann und mit aller Kraft auf die Juniorenarbeit setzt. Damit würden wir die Grundlagen für die nächsten Jahrzehnte schaffen. Das bedeutet aber auch, dass wir die Professionalisierung, die bereits begonnen hat, weiterführen müssen. Auch kleine Fussballclubs können heute nicht mehr so organisiert werden wie vor vierzig oder fünfzig Jahren. Es sind Ver-änderungen nötig, die natürlich nicht immer bei allen Vereinsmitgliedern auf Sympathie stossen, vor allem, wenn man Liebgewordenes aufgeben muss. Das kann ich verstehen, aber es geht nicht anders. Und natürlich haben auch wir ambitionierte Ziele: Ich wünsche mir zum Beispiel, dass der FC Concordia irgendwann einmal einen Campus hat, eine eigene Spiel- und Trainingsanlage mit Kantine, Büros und einer Begegnungsstätte. Wir stehen zwischen Tür und Angel. Wir hatten früher im alten St. Jakob-Stadion eine eigene Beiz, heute fehlt uns ein solcher zentraler Ort. Ich bin überzeugt, dass ein Campus die Situation entscheidend verbessern würde, und dass wir dieses Ziel irgendwann errei-chen – nicht morgen, aber vielleicht übermorgen.

Roger Borgeaud: Wir sind tatsächlich etwas ‹verzettelt›, deshalb wäre ein Campus ideal. Dann könnten wir den ganzen Verein unter einem Dach versammeln und in einem solchen Zentrum regelmässig jede Woche auch zwei, drei Frauenteams begrüssen. Der Frauenfussball wird nämlich im Lauf der nächsten Jahre und Jahrzehnte eine immer wichtigere Rolle spielen – auch beim FC Concordia.

Anmerkung

1   100 Jahre FC Concordia Basel. Basel 2007.

Den ‹Bach› mit Wettfahren und Festen beleben

Der Wasserfahrverein Horburg Basel feierte 2007 seinen 100. Geburtstag

Monika Wirth

«Erst denk, dann lenk», steht in prachtvollen, in Handarbeit gestickten goldenen Lettern auf hellgrüner Seide. Die mit diesem Wahlspruch verzierte erste Fahne des Wasserfahrvereins (WFV) Horburg Basel begleitete einst die Männer bei Wettfahren und Preisverleihungen, und «auch zum Grab manchen treuen Mitglieds wurde sie als Zeichen der Zusammengehörigkeit mitgeführt», heisst es in der Chronik, die der Sportverein 2007 zum 100-jährigen Jubiläum herausgab.

Wenn Müller Otti und Bergamo Giorgio im Weidling Stachel und Ruder führen, müssen sie allerdings nicht viel denken, jeder Handgriff sitzt, intuitiv reagieren sie auf jedes Schaukeln und die Aktionen des Partners. Die beiden 64- und 71-jährigen Männer sind seit 25 Jahren ein eingespieltes Team im Weidling, Steuermann Müller hinten, Vordermann Bergamo im Bug. «Giorgio hat eine unheimliche Kondition und ist einer der ehrgeizigsten Sportler, die ich kenne», sagt Müller. In den ersten Jahren holten die beiden für ihren Verein sogar national Kränze, und das Team gewann auch manches kantonale Wettfahren sowie bei Veranstaltungen befreundeter Clubs auf Rhein, Limmat, Reuss und Aare. Und mit dem sportlichen Erfolg wuchs die Freundschaft der beiden Fahrer. Noch heute sind sie in der Kategorie ‹Veteranen› aktiv und spielen ihr technisches Können aus. Nah am Ufer gehen Wasserfahrer mit dem Stachel auf Grund und stossen das 350 kg schwere Boot kraftvoll nach vorne. Zum Übersetzen wird gerudert, und das mit exakt derselben Technik wie die Gondolieri in Venedig. «Nur die Boote sind in Italien etwas eleganter», sagt Bergamo, der in einem Dorf nicht weit von der Lagunenstadt aufgewachsen ist.

Eine besondere Basler Art der Rheinüberquerung ist das ‹Jöchle›, das Übersetzen im Hinterwasser von Brückenpfeilern. «Zwischen den Pfeilern gibt man voll Stoff», erklärt Müller, «im Hinterwasser bleibt das Boot stehen. So kann man den Rhein ohne Höhenverlust überqueren.»

Das Wasserfahren wurde auf den schiffbaren Flüssen ab Zürich, Bern und Konstanz bereits um 1200 als Beruf betrieben, die Weidlinge dienten als Transportmittel und zum Fischen. Pontoniereinheiten des Militärs setzten später Boote und Technik für Flussüberquerungen und den Brückenbau ein. Daneben entstanden die Wasserfahrvereine, die den sportlichen Aspekt des Wasserfahrens in den Vordergrund rückten. Am 3. Oktober 1907 taten sich in Basel acht Sportler zusammen und gründeten den Wasserfahrverein Horburg Basel, den nach dem Rhein-Club Basel (1883), dem Fischer-Club Basel (1884), der Rhenania St. Johann (1895) und dem Wasserfahrverein St. Alban (1905) fünften von heute insgesamt neun kantonalen Wasserfahrvereinen. Im Gründungsprotokoll ist festgehalten: «Es wird den Mitgliedern besonders empfohlen, besondere Agitation zu walten, um dem Verein Wachstum zu bringen.» Das hat man sich offensichtlich zu Herzen genommen, denn heute kann Präsident Roland Häuselmann 330 Mitglieder präsentieren.

Es scheint: Wer einmal dabei ist, der bleibt. Otti Müller zum Beispiel ist Wasserfahrer von Kindesbeinen an. «Uns gegenüber wohnte die Wasserfahrlegende Hermann Iberg», erzählt er. «Oft am Samstag nahm er alle, die wollten, mit auf eine Fahrt nach Augst. Wir packten Klöpfer und Schlafsäcke ein, übernachteten auf der Wiese und kamen sonntags immer sehr zufrieden zurück.» Ibergs Urgrosskind ist jetzt bei den Junioren. Übereinstimmend erzählt man, dass die Kameradschaft und die Verbundenheit mit der Natur neben der körperlichen Betätigung die Faszination des Sports ausmachen. Tatsächlich kennt man sich ‹auf dem Bach› per Namen, und auch bei den Wettkämpfen in der ganzen Schweiz sind die meisten Gesichter bekannt, und der Umgang ist familiär. «Das Verhältnis zu andern Wasserfahrern ist sehr, sehr herzlich», so Müller. Das Fundament dafür bilden die Jugendlager, die vom Schweizer Wasserfahrverband jedes Jahr am Vierwaldstättersee durchgeführt werden. «Hier lernt man andere Schweizer Wasserfahrer kennen», erklärt Präsident Häuselmann. «Unsere Senioren erzählen heute noch von ihren Streichen.» Das Horburger Vereinsleben ist rege, auf der Agenda stehen jedes Jahr unter anderem Fahrübungen, Langschifffahrten, Plauschwettfahren, Meisterschaftsfahren, die Pfingstfahrt, die Fernfahrt, die Schlagrudermeisterschaft, Paarwettfahren, Leistungsprüfungen, Rheinschwimmen mit Festbetrieb, Schwimmprüfungen, ein Sonntagsbrunch, diverse Frühschoppen, diverse Bummel und schliesslich die Niggi-Näggi-Feier.

Trotz dieses attraktiven Programms hat der Verein Nachwuchssorgen. Willkommen wären alle – «wir reden nie von Religion und Parteien», sagt Giorgio Bergamo – dennoch sind zurzeit nur zwölf Junioren und Jungfahrer aktiv. Die Verbindlichkeit und die Familiarität, die von den Vereinsmitgliedern so geschätzt wird, sei wohl für viele Jugendliche, die bei ihren Freizeitbeschäftigungen Niederschwelligkeit und Selbstbestimmtheit suchen, zu einengend, vermutet der Präsident. «Wir würden sie gern von den Spielkonsolen wegholen und ihnen zeigen, wie schön unser Sport ist. Wasserfahrer sind sehr umgängliche Leute.»

In der Stadt spüren Basels Wasserfahrvereine allerdings grossen Rückhalt. Der Sport ist materialaufwendig, die Kosten für Boote, Stachel, Ruder, Ruderkreuze und mehr können nicht allein durch Vereinsbeiträge gedeckt werden, sodass der Sport-Toto-Fonds und der Lotteriefonds immer wieder finanzielle Beiträge leisten. «Der Rhein ist das Wichtigste in Basel», so Häuselmann, «und wir beleben den Bach mit unseren Fahrten und Festen. Das ist der Stadt etwas wert.» Der WFV Horburg reiht sich mit seinen Aktivitäten harmonisch in die Riege der andern Basler Wasserfahrvereine ein. Eine Besonderheit allerdings zeichnet die Horburger aus: die «äusserst aktive Frauengruppe», wie es auf der Website heisst. Zwar können Frauen erst seit 2003 im Verein aufgenommen werden, aber schon seit Jahren übernimmt eine Frauengruppe im Verein wichtige Aufgaben, vom Kuchen- und Brötlibuffet bei Wettfahren und der Unterstützung bei Anlässen jeglicher Art über die Frauenhocks in der Klause unter der Johanniterbrücke bis zur Nikolausfeier. Und die Pfingstfahrten mit dem Langschiff waren nie reine Männersache, sondern immer Familienausflüge. Allerdings gibt es schweizweit nur zwei bis drei Frauenpaare, die Wettkämpfe bestreiten, und im WFV Horburg ist mit Nina Häuselmann, der Ehefrau von Roland Häuselmann, nur eine Frau als Kampfgerichtspräsidentin aktiv. Jedoch steht es der einjährigen Tochter Annika jetzt offen, später Jung-Wasserfahrerin zu werden. «Wenn sie Ballett machen will, soll sie Ballett machen», sagt Vater Häuselmann. Mit ihrer Vorgeschichte ist es wahrscheinlicher, dass sie sich fürs Wasserfahren entscheidet.

Weitere Informationen und Literatur

www.wfvhorburg.ch

www.wasserfahren.ch

100 Jahre WFV Horburg Basel 1907 – 2007. Basel 2007.

Fasnacht

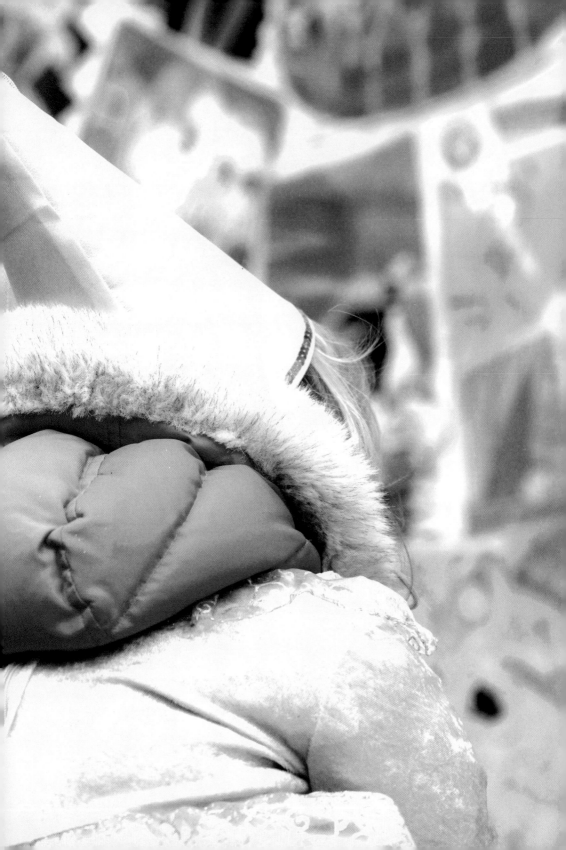

D Strooss gheert uns!

Freud und Leid an der Basler Fasnacht

Felix Rudolf von Rohr

Mummenschanz und Totentanz

2007 fiel die Fasnacht auf die letzten drei Tage im Februar. Alle Vorzeichen deuteten auf einen guten und fröhlichen Jahrgang. Die von Pascal Kottmann, einem Vertreter der jüngeren Künstlergeneration, gestaltete Plakette stellt ein Strassenschild mit dem Schriftzug ‹Fasnacht› dar. Zusammen mit dem Motto ‹d Strooss gheert uns!› wurde damit wieder einmal klargestellt, dass die Strassen und Gassen unserer Stadt 72 Stunden in der Woche nach Aschermittwoch für unser beliebtestes Brauchtum reserviert sind. Die zahlreichen Bühnenveranstaltungen sorgten in den ersten Wochen des Jahres für eine Atmosphäre freudiger Erwartung. Und spätestens mit der Veröffentlichung des Fasnachtsführers ‹Rädäbäng› wurde klar, dass auch 2007 mit einer unerhört breiten Vielfalt von Sujets gerechnet werden durfte. Eine schwache Rolle spielte lediglich das Wetter, was aber traditionsgemäss einfach ignoriert wurde. Die drei Tage bescherten uns einmal mehr einen unüberblickbaren Reichtum an Ideen, Witz, Fantasie, Melodien, Farben und Pflege von neuen und alten Freundschaften.

Und dann, am Mittwochnachmittag, geschah das Unfassbare: Auf dem Barfüsserplatz, abseits des Cortèges, geriet ein Knabe unter die Räder eines Fasnachtswagens und verstarb noch an der Unfallstelle. Ein kleiner, lebenslustiger Fasnächtler wurde brutal aus der Mitte der schönsten und unbeschwerten Freude der Jugend gerissen. Die Nachricht dieses ersten tödlichen Unfalls an der Basler Fasnacht führte in den letzten Stunden bis zum Endstreich und noch über lange Zeit nach der Fasnacht zu einer beeindruckenden Welle von Betroffenheit und Sympathie der vielen Tausend Aktiven, aber auch in weiten Kreisen der Bevölkerung Basels. Der tragische Unfall machte bewusst, wie nahe Mummenschanz und Totentanz beieinander liegen, aber auch wie nahe und solidarisch untereinander sich die Menschen in unserer Stadt in einer solchen Situation fühlen, gerade während und dank der Fasnacht.

Die Sujets

Der Fasnachtsführer ‹Rädäbäng› dokumentiert in Kurzform die fast 500 Gruppierungen, die am Cortège teilnehmen. Auch sind daraus die über hundert lokalen, nationalen oder internationalen Themen ersichtlich, welche in diesem Jahr als Zielscheibe für Spott und Persiflage dienten. Einige Highlights seien erwähnt:

Das dank einer grossherzigen Mäzenin geplante ‹Polarium› für arktische Tierarten in der alten Markthalle wurde von der Regierung verhindert. Probebohrungen des Baudepartements für ein Geothermie-Projekt in Riehen lösten eine Serie kleinerer, aber deutlich spürbarer Erdbeben aus. Die SVP und ihr Wortführer Bundesrat Blocher bieten, ebenso wie unsere Miteidgenossen in Zürich, immer Sujets. Das traditionelle Basler Läckerli-Huus wechselte in die Hände der Familie Blocher. Versuchsweise wurden in Basel Schuluniformen eingeführt. Gleichzeitig stellte das Erziehungsdepartement Schriftdeutsch als obligatorische Umgangssprache in Primarschulen in Aussicht, und auch das Thema Früh-Englisch sorgte für hitzige Diskussionen. Die Kontroversen um einen allfälligen Casino-Neubau warfen ihre Schatten voraus. Immer wieder viel zu reden gaben stadtplanerische Vorhaben, unzählige öffentliche Baustellen und verschiedene Turmbau-Projekte. An der Spitze zahlreicher Dopingfälle im Sport stand im Vorjahr die Tour de France. Natürlich boten auch Dauerthemen wie Kritik in der Kirche, staatliche Verbote aller Art, die schrumpfende Armee oder Querelen zwischen den Basler Halbkantonen genügend Stoff für saftige Sujets.

Väärs und Ryym

Auf ganz typische Weise werden die Sujets an der Basler Fasnacht in unserer Mundart zum Ausdruck gebracht, und zwar in der gebundenen Form. Da sind zuerst die Schnitzelbänke zu nennen. Über 70 Gruppen singen ihre jeweils durchschnittlich zehn Verse unter der Schirmherrschaft der verschiedenen Schnitzelbankgesellschaften. In weit über 200 Zeedeln, welche die Cliquen am Cortège verteilen, werden deren Sujets in Versform abgehandelt. Die Helgen der fast 200 Laternen werden mit kurzen, oft ganz aktuellen oder Cliquen-internen Versen ergänzt. Darüber hinaus sind schliesslich noch die Beiträge bei den verschiedenen Bühnenveranstaltungen zu nennen. Fazit: Mehrere Tausend kleine Meisterwerke oder auch nur erste Versuche literarischer Dialektkunst! Die folgenden Zitate sind somit nur eine ganz kleine willkürliche Auswahl aus dem Jahrgang 2007. Sie zeigen aber, dass die Fasnacht allemal einen sehr wertvollen Beitrag zum Erhalt und zur Pflege unserer Muttersprache leistet:

> Me wird bald Änglisch lääse miesse,
> zem e Ladäärneväärs no gniesse.
> *Laternenvers Alti Stainlemer*

Und d Värslibrinzler mien s bald richte
und d Zeedel in dr Hoochsprooch dichte.
Laternenvers Spale-Clique

So sträbe denn die Gstalte, Frau und Ma,
in d Baschtl-Wärggstatt vo dr Barbara.
Dert dailt die Barbara denn alli y
in irgend sone Planigskompagnie,
wo jedes sich und syni Wintsch darf bringe
und so e Bydrag gä zem guete Glinge.
Do kenne hi und här d Idee wooge,
die ganzi Stadt wird zemene Usschnyd-Booge,
und jedes griegt vom Barbara, däm Schätzli,
no sym Modäll e nuggedeetisch Plätzli.
No ainer Stund git s scho die erschti Pause;
do lehn si mitenander s Liedli sause:
«Schuemächerli, Schuemächerli!
Was koschtet sone Platz?
Milliöneli, Milliöneli! Und alles das fir d Katz!»
Zeedel Olympia Alti Garde

Duet z Basel wyter d Ärde beebe,
sin alli Diirm gly boodeneebe.
Laternenvers VKB

Es funggt e Bischoff, äär wurd in Burundi hogge.
Der Medizinmaa haig versait, si haige drogge.
Wenn sii d Frau Schneider kennte ha, wurd äär uns säägne.
Wenn die ka bebne, ka si sicher au lo räägne.
Schnitzelbank Die Penetrante

Immene Gaschthoof z Binze, wo nur s Beschte zellt,
han ych e 1986er-Bordeaux bstellt.
Und wo dr Hauptgang kunnt, sag ych zem Schätzli: Waisch,
dä Wyy passt wunderbaar zem Johrgang vo däm Flaisch.
Schnitzelbank Singvogel

Am Mittagstisch sait do dr Fritzli:
I glaub, my Kotelett läbt e bitzli.
Laternenvers Alti Stainlemer Alti Garde

Es wurd waiss Gott doch au e Dram uff Weil verdraage!
Jä, s Röösli Hueber goht dert vyyl go Schnäppli jaage
und losst denn zfriide uff em Ruggwääg noch de Viere
au no grad s Hüftglängg und dr Hallux operiere.
Schnitzelbank Singvogel

Dr Floyd Landys hett miesse – das kaa au ihm bassiere –
nach dr Tour de France lo e Zahn plombiere.
Doo maint äär uff d Froog, ebb äär miess e Sprützy haa,
(joo) uff no ainy mehr kunnts jetz au nümm druff aa.
Schnitzelbank Fäärimaa

Was duet dää Blocher immer wiider ummenander muure,
nit numme iiber Afrika het äär e frächi Schnuure.
Dää sell sich syyni Kommentäär ändlig emool schängge,
und nit immer saage, was die maischte wiirgglig dängge!
Schnitzelbank Gardischte

Dr Christoph Blocher macht mir Muet,
ych zieh sogar vor ihm dr Huet,
är behandlet alli Mensche glyych,
ob vermeegend oder rych.
Schnitzelbank Pierrot

Dr Ueli het e Gaissbogg kauft,
dr Blocher het en Zottel dauft.
Die hänn sich sälber yyneglyymt:
Wenn d dänggsch, ... waas sich uff Zottel ryymt.
Schnitzelbank Gluggersegg

D Zircher maine, s wär e gueti Option,
Basel gheer zue ihrer Metropolregion.
Wär au so dängge duet, dä het emänd no rächt,
denn fir d Entwigglig vo de Zircher wärs nid schlächt.
Schnitzelbank Gasladärne

Chronik
2007

zusammengestellt von Matthias Buschle

Bohrloch Kleinhüningen

Januar

1 Bei **frühlingshaften Temperaturen** um 13 °C feiern viele Baslerinnen und Basler den Jahreswechsel im Freien. Um 0.30 Uhr findet, nun schon zum 7. Mal, das Feuerwerk auf dem Rhein statt.

1 Ein **neuer Rahmenvertrag der Regio Basiliensis** mit den Kantonen Basel-Stadt, Basel-Landschaft, Aargau, Jura und Solothurn tritt in Kraft. Er bindet die genannten Kantone enger an die Nordwestschweizer Regierungskonferenz; diese vertritt die fünf gegenüber dem Bund und den anderen Kantonen.

2 Im Zivilstandesamt lassen sich zum ersten Mal ein Frauen- und ein Männerpaar als **eingetragene Partnerschaft** registrieren. Für die kommenden zwei Monate haben sich 17 Paare für die Zeremonie gemeldet.

2 Mehrere **dürre Weihnachtsbäume** sind in Brand geraten: Drei Personen erlitten Verletzungen, zwei von ihnen mussten ins Spital.

3 In die Kundenhalle des UBS-Hauptsitzes hat die Handelskammer unter dem Motto ‹Alles goht zämme besser› zum **Neujahrsempfang** eingeladen. Die Ansprachen halten Handels-

kammerpräsident Thomas Staehelin und der Direktor Andreas Burckhardt.

4 «Wir haben uns für die **Verlängerung der Tramlinie** des 3er-Trams von Burgfelden zum Bahnhof St-Louis entschlossen», so Roland Ingersheim, Präsident des südelsässischen Zweckverbands Communauté de Communes des Trois Frontières. Damit hat sich der Verband gegen eine Verlängerung des 11er-Trams entschieden.

4 Der Gewerbeverband ruft zum **Neujahrsempfang** ins Foyer des Theaters Basel. Ein Höhepunkt ist eine Einlage des Balletts Basel, ein Auszug aus der Choreografie ‹A Midsummer Night's Dream›.

5 Die für das nach dem **Erdbeben** vom 8. Dezember 2006 gestoppte Geothermieprojekt verantwortliche Geopower Basel AG hat den Behörden fristgerecht ihren Bericht vorgelegt. Das Projekt und seine Folgen werden in der ersten Jahreshälfte immer wieder das Stadtgespräch anregen.

5 Die **Berufsfeuerwehr** rückte im Jahr 2006 zu 2736 Einsätzen aus, durchschnittlich 8 Mal am Tag. Gerettet wurden 31 Personen, 875 Mal wurde sie zu Bränden gerufen, 664 Mal waren

es Fehlalarme, und 300 Mal musste sie wegen schwärmender Bienen- bzw. Wespenvölker helfen.

6 Um 8.19 Uhr bebt erneut die Erde. Das Beben hat eine Stärke von 3,1 auf der nach oben offenen Richterskala. Grund auch für dieses **Erdbeben** ist das in Kleinhüningen eingepresste Wasser.

9 **Kreszenz Gobeli-Hechenberger** feiert ihren 100. Geburtstag.

9 Die Basler **Privatbank Sarasin** wird holländisch. Sie geht mehrheitlich in den Besitz der Rabobank über. Der traditionsreiche Name bleibt jedoch erhalten.

10 Statt nach Klybeck sollen die **Aktivitäten des Rheinhafens St. Johann** nach Kleinhüningen und Muttenz verlegt werden. Dies verursache zwar Mehrkosten von ca. 8,5 Millionen Franken, biete dafür aber mehr Möglichkeiten bei der Stadtentwicklung, teilt die Basler Regierung mit.

10 In seiner ersten Sitzung im neuen Jahr wählt der **Grosse Rat** sein Präsidium. Gewählt werden Brigitta Gerber (Grünes Bündnis) als Grossratspräsidentin, Roland Stark (SP) als Grossratsstatthalter. Regierungspräsidentin wird Eva Herzog (SP), ihr Vizepräsident wird Guy Morin (Grüne).

11 Über 4100 Maturanden besuchen am Informationstag die **Universität Basel**. Der Anteil der Interessierten aus Basel-Stadt und Basel-land ist konstant geblieben, zugenommen hat der Anteil aus der restlichen Schweiz und dem nahen Ausland. Insgesamt waren es 10 Prozent mehr Besucher als im Vorjahr.

11 Die **Sanität Basel** leistete im Jahr 2006 rund 20 000 Einsätze – ungefähr so viel wie im Jahr zuvor. Das entspricht 55 Einsätzen pro Tag. Dies teilt das Sicherheitsdepartement Basel-Stadt mit.

12 Es tanzt wieder der Bär durch Kleinbasel – dieses Jahr hauptsächlich durch das obere. Ehrengäste beim **Bärenmähli** sind u. a. die beiden Baselbieter Nationalrat Claude Janiak und Regierungsrat Urs Wüthrich.

13 Mit dem Fest ‹Uffbruch› wird für den **Casino-Neubau** geworben. Es gibt ein buntes Programm u.a. mit dem Sinfonieorchester Basel, der basel sinfonietta, dem Theaterchor, dem Ballett Basel, dem Rocker Polo Hofer und Ländlerkapellen.

Kleinbasel tanzt

14 Würde heute darüber abgestimmt, so wäre Basel die **Hauptstadt der Schweiz**. So jedenfalls lautet das Ergebnis einer Plakataktion, bei der dazu aufgerufen wurde, per SMS abzustimmen. Basel liegt mit 42,4 Prozent jedoch nur 0,5 Prozent vor Zürich. Die Aktion sollte beweisen, dass Plakatwerbung erfolgreich sein kann. Es wurden insgesamt über 14 000 Stimmen abgegeben.

15 Ihren 100. Geburtstag feiert die aus Bättwil stammende **Cäzilia Grossenbacher-Gschwind**.

16 Regierungsvertreter beider Basel präsentieren neue **Zahlen zur Fussball-EM 2008**. Die Kosten für den Grossanlass werden auf 14,5 Millionen Franken geschätzt. Sie werden zu zwei Dritteln von Basel-Stadt übernommen, ein Drittel wird Baselland zahlen.

16 Um 1.09 Uhr bebt erneut die Erde. Es ist das dritte grössere **Erdbeben**, das vom Geothermieprojekt ausgelöst wurde. Es hat die Stärke von 3,2 auf der Richterskala.

17 **Baseltourismus** berichtet: Noch nie haben so viele Gäste in der Stadt übernachtet wie im Jahr 2006. Es waren 889 000 Übernachtungen von Messe- und Kongressbesuchern und immer mehr auch von Touristen.

18 Einer der stärksten Stürme seit zwanzig Jahren, der **Orkan Kyrill**, fegt über Europa; die Schäden in der Region sind jedoch gering. Am Badischen Bahnhof herrscht allerdings Chaos, da die Deutsche Bahn ihren Verkehr eingestellt hat. Die Taxifahrer der Region machen beträchtliche Umsätze.

19 Das **Museum der Kulturen** öffnet seine neuen Tore. Seit heute ist es vom Naturhistorischen Museum auch räumlich getrennt. Der neue Zugang erfolgt vom Schürhof am Münsterplatz aus.

19 Auf einem Lagerplatz im Klybeck treten aus einem Gebinde 10 bis 20 kg **Thiophenol** aus. Es kommt zu einer beträchtlichen Geruchsbelästigung. Die Werksfeuerwehr stopft das Leck und bindet die auslaufende Chemikalie.

20 WM-Kampf in Basel: Den ersten Schweizer **Weltmeisterschaftskampf im Schwergewichtsboxen** gewinnt der Titelverteidiger, der Russe Nikolaj Walujew, gegen den US-Amerikaner Jameel McCline. 9000 Zuschauer verfolgen den Kampf in der ausverkauften St. Jakobshalle.

22 **Matthyas Jenny** gibt aus persönlichen Gründen die Leitung der von ihm gegründeten Basler

Die WEF-Demonstrationen hinterlassen Spuren.

Buchmesse mit Literaturfestival mit sofortiger Wirkung ab. Sein Nachfolger wird der Zürcher Verleger Egon Ammann.

23 Bundesrätin Doris Leuthard eröffnet die Fachmesse **Swissbau**, den wichtigsten Treffpunkt der Schweizer Baubranche.

23 Es wird ein **Wintereinbruch** angekündigt. Die Stadtreinigung hat sich auf den bevorstehenden Wetterumschwung vorbereitet, der normale Winterdienst reicht aber aus.

24 **Brand an der Swissbau**: Ein Mottfeuer in einem Lüftungsschacht führt gegen 13.20 Uhr zu einer starken Rauchentwicklung in Halle 3, die für eine Stunde aus Sicherheitsgründen gesperrt wird.

24 Die Piste auf dem EuroAirport ist für sieben Stunden gesperrt, es fallen 37 Flüge aus; in der Stadt gibt es einige Autounfälle mit Blechschaden: Der **Winter** ist mit Schneefall endlich eingezogen.

25 Das **Geothermieprojekt** wird auf unbestimmte Zeit sistiert. Es solle eine umfassende Risikoanalyse erstellt werden, was ein bis zwei Jahre dauern könne, verkündet Regierungspräsidentin Barbara Schneider.

26 Der **Triregionale Eurodistrict Basel** (TEB), eine neue Struktur für die grenzübergreifende Zusammenarbeit im Raum Basel, wird in St-Louis gegründet. Er hat 62 öffentlich-rechtliche Mitglieder aus der Schweiz, Frankreich und Deutschland.

27 In Kleinbasel tanzt der **Vogel Gryff**. Es ist kalt, und es liegt viel Schnee. Das Gryffemähli steht ganz im Zeichen der Region – von den Reden bis hin zum Menü.

27 In Grossbasel demonstrieren laut Polizei 1000 Personen gegen das **WEF** in Davos. Dreissig bis fünfzig vermummte Demonstranten sorgen für Sachbeschädigungen und Graffiti. Neun von ihnen werden festgenommen.

29 Im Kanton Basel-Stadt lanciert das Amt für Berufsbildung erneut eine **Lehrstellenkampagne**: ‹Lehrstellen – Basels Zukunft›. Ziel sind 200 neue Lehrbewilligungen für Unternehmen und 50 Attestlehrverträge mehr als im Jahr 2006.

29 Die in Basel geborene Künstlerin **Valery Heussler** ist im Alter von 86 Jahren gestorben. Sie war Mitglied der ‹Gruppe 48›. Zuletzt trat sie mit Skulpturen aus Stahlrohr hervor; ihre Plastik ‹Brot teilen› steht in der Theodorsanlage.

30 Der Regierungsrat empfängt den **Botschafter von Deutschland** Andreas von Stechow und dessen Frau im Rathaus.

31 **Sophie Gilgen** feiert ihren 100. Geburtstag.

Februar

1 Eva Herzog übernimmt das Amt der **Regierungspräsidentin** von ihrer Parteikollegin Barbara Schneider. Seit Februar 2005 ist Eva Herzog Mitglied der Basler Regierung, dort leitet sie das Finanzdepartement.

1 **Grossratspräsidentin**, und damit ‹höchste Baslerin› für ein Jahr, ist seit heute Brigitta Gerber – die sechste Frau in diesem Amt. Seit Oktober 2002 ist sie Mitglied im Grossen Rat.

2 Ein **Erdbeben** mit einer Stärke von 3,3 auf der Richterskala ist um 4.54 Uhr zu spüren. Es ist das vierte Beben mit einer Stärke über 3,0 seit Dezember 2006.

2 Das **Solarboot ‹sun21›**, das am 16. Oktober 2006 an der Schifflände startete, hat auf seinem Weg nach New York den Hafen von Le Martin auf der karibischen Insel Martinique erreicht.

5 Ein Ranking der Shanghai Jiao University ergab: In den Life Sciences (Platz 35) und der Medizin (Platz 44) zählt die Universität Basel zu den 50 **besten Hochschulen der Welt**.

6 Der Architekt und ehemalige liberale Nationalrat **Martin Burckhardt** ist im Alter von 85 Jahren gestorben. Sein wohl bekanntester Bau in Basel ist der BIZ-Turm beim Bahnhof SBB.

7 Die **Firma Roche** meldet einen Rekordgewinn, das beste Resultat in ihrer 110-jährigen Firmengeschichte. Der Reinertrag beläuft sich auf 9,2 Milliarden Franken, das bedeutet eine Steigerung gegenüber dem Vorjahr um 34 Prozent.

8 Mit dem ersten Spatenstich wird mit dem Bau eines **Mischwasser- und Havarie-Rückhalte- beckens** begonnen. Dies bedeutet, dass der Rhein ab 2008 sauberer wird. Die Anlage an der Ecke Neuhausstrasse/Badenstrasse wird die Grösse eines Fussballfeldes haben und etwa 10 000 m³ fassen.

9 Die ehemalige **Markthalle** ist für eine Woche der Öffentlichkeit zugänglich. Ausgestellt sind dort neun Projekte zur Neunutzung der Halle, die im Rahmen eines Investorenwettbewerbs eingereicht wurden. Eine Idee war die Einrich- tung eines ‹Polariums›, einer Aussenstation des Basler Zoos u.a. für seine Pinguine. Gewonnen hat ein Entwurf mit mehreren Läden und Restaurationsbetrieben.

10 Gegen den geplanten **Kunstraum ‹Filter IV›** er- heben die Anwohner Einsprache. Die Idee

war, in der ehemaligen IWB-Filteranlage auf dem Jakobsberg einen Veranstaltungsraum, hauptsächlich für Ausstellungen zeitgenössi- scher Kunst, einzurichten.

11 Die **Ludothek** in Kleinhüningen feiert ihr 20-jähriges Bestehen. Der Geburtstag wird – wie nicht anders zu erwarten – mit Spielen im Quartiertreffpunkt Kleinhüningen ge- feiert.

11 Am Wochenende findet das Festival ‹Der Schall› mit Konzerten und Vorträgen zum 75. Geburtstag von **Mauricio Kagel** statt; der Komponist ist anwesend. Seine Instrumen- tensammlung und seine Musikhandschriften sind in der Paul Sacher Stiftung untergebracht.

12 Das Topthema der diesjährigen **Fasnacht** wird das gescheiterte ‹Polarium› in der Markthalle sein. Heute veröffentlicht das Fasnachts- Comité den ‹Rädäbäng›, den offiziellen Fas- nachtsführer.

12 Gut sechs Wochen ist das neue Jahr alt, und die Kantonspolizei führt **Vignetten-Kontrollen** durch: 78 Autofahrer werden gebüsst. Bei den Kontrollen werden ausserdem 28 Fahrer ohne Sicherheitsgurt, zwei ohne Fahrausweis, einer unter Drogeneinfluss und einer, der ohne

Die drei Glasgemälde im Kunstmuseum bleiben.

Wissen des Besitzers mit dessen Auto fuhr, erwischt.

13 Der Basler Denkmalrat beschliesst, dass die **drei Glasgemälde** von Charles Hindenlang und Otto Staiger im Eingangsbereich des Kunstmuseums bleiben sollen. Die Scheiben sollten im Zuge einer neuen Konzeption des Erdgeschosses eingelagert werden.

15 An der **Fachtagung** ‹Familienfreundlichkeit und Erfolgsfaktor›, organisiert vom ‹Round Table Basel-Area – Familienfreundliche Wirtschaftsregion›, spricht die Schweizer Volkswirtschaftsministerin Doris Leuthardt.

16 Mit einem Überschuss von 187,2 Millionen Franken schliesst die **Staatsrechnung 2006** ab. Dies verkündet die Finanzdirektorin Eva Herzog. Erwartet war ursprünglich ein Defizit von 48,3 Millionen Franken. Die ausgezeichnete Wirtschaftslage hat das Blatt jedoch gewendet.

17 Nach einem **Brand** an der Thiersteinerallee 23 in der Nacht zum Samstag mussten sieben Bewohner evakuiert werden. Der Brand war schnell gelöscht, jedoch wurden die Gas- und Stromleitungen unterbrochen.

17 Der ‹**Musikantenstadl**› gastiert in Basel. Die Fernsehsendung wird in der St. Jakobshalle vor 2000 Zuschauern aufgezeichnet.

18 In der Barfüsserkirche feiern die **Allgemeinen Bibliotheken** ihren 200. Geburtstag. Sie sind die ältesten, ununterbrochen existierenden Volksbibliotheken der Welt.

21 Der 1964 geborene Künstler und Radio- und TV-Moderator **Dänu Boemle** ist nach langer Krankheit gestorben. Von 1988 bis 1994 war er Moderator bei DRS 3.

21 **Hans Strasser**, ehemaliger Verwaltungsratspräsident des Schweizerischen Bankvereins, ist in seinem 88. Lebensjahr gestorben. Mit 19 Jahren trat er in den Dienst des Bankvereins ein.

22 Mit 15 °C ist es schon recht **frühlingshaft**. Auch die Pflanzen beginnen schon zu grünen und zu blühen.

23 Die **Informationsstelle für Religion** ‹inforel› feiert ihr 20-jähriges Bestehen. Gefeiert wird u. a. mit der Ausstellung ‹Knigge der Weltreligionen› im Quartierzentrum Bachletten.

24 **Gerd-Wolfgang Essen**, dessen Sammlung tibetischer Kunst sich heute im Museum der Kulturen befindet, ist gestorben. Der 1930

Trauer auf dem Barfüsserplatz

geborene Theologe übergab 1998 dem Museum seine nach religionswissenschaftlichen Kriterien ausgerichtete Sammlung.

25 Der 1931 geborene Schriftsteller **Jürg Federspiel** ist tot. Er wurde am frühen Samstagvormittag beim Rhein-Stauwehr Märkt gefunden. Federspiel war seit dem 12. Januar vermisst. Seine letzten Jahre lebte er als freier Schriftsteller in Basel.

25 **César Keiser**, der Grand Old Man des Schweizer Cabarets, starb 81-jährig. Am 4. April 1925 wurde er in Basel geboren.

26 Das Wetter ist sehr wechselhaft, kann jedoch weder dem **Morgenstraich** noch dem Cortège etwas anhaben. Vor dem Morgenstraich mussten 13 Autos sowie 138 Velos und Mofas aus der Innenstadt entfernt werden.

26 Die 1943 geborene Basler Innenarchitektin, Kulturvermittlerin und Mäzenin **Susanna Biedermann Alioth** ist gestorben. Sie stiftete u. a. 1999 das Kulturzentrum Dar Bellarj in Marokko.

28 Tödlicher **Unfall an der Fasnacht**: Am Rande des Cortège starb ein sechsjähriger Junge. Er war unter einen Waggiswagen geraten und erlag im Spital seinen Verletzungen.

März

1 Der **tödliche Unfall** am Fasnachtsmittwoch wird weiter untersucht. Es wurde jedoch bereits festgestellt, dass der Waggiswagen die Sicherheitsvorschriften erfüllte und der Fahrer nüchtern war. Viele Menschen legen auf dem Barfüsserplatz Blumen nieder.

1 Seit kurz nach 4 Uhr wird in der Stadt nicht mehr getrommelt und gepfiffen, es wird gewischt und geräumt. Eine 165-köpfige Mannschaft mit 65 Putzfahrzeugen macht die **Stadt alltagstauglich**. Um 6.02 Uhr fährt wieder das erste Tram.

1 Im Internet liegen die ersten **Tickets für die Fussball-EM 2008** bereit, bis Ende März kann man sich darum bewerben. Für die Basler und Baselbieter gibt es pro Spiel im Joggeli ein Kontingent von 750 Tickets. Das billigste Ticket für ein Gruppenspiel kostet 70 Franken.

2 Bundespräsidentin Micheline Calmy-Rey eröffnet die **91. Muba**. Auf einer Ausstellungsfläche von 38 996 m² präsentieren sich 1021 Aussteller.

4 Der **TGV**, der französische ‹Train à grande vitesse›, fährt ab 10. Juni von Basel nach Paris. Die Zeitersparnis wird rund 90 Minuten

Der älteste Einwohner auf Stadtgebiet?

betragen – bei einer Preiserhöhung um bis zu 50 Prozent.

5 **Franz Meyer**, der von 1962 bis 1980 Direktor des Kunstmuseums war, ist in Zürich gestorben. Er wurde 87 Jahre alt. ‹Kritisch auswählen und schwerpunktmässig sammeln›, nach dieser Maxime hat er die Sammlung des Kunstmuseums geprägt.

6 28 000 Besucher mehr als im Vorjahr verzeichnete der **Zoo Basel** im Jahr 2006. Es war das beste Besuchsjahr in der 133-jährigen Zoogeschichte. Insgesamt kamen 1531 676 Besucher.

6 Mit einem symbolischen ersten Spatenstich wird die Neugestaltung der **Elisabethenanlage** offiziell in Angriff genommen. Schon vor der Feier hatte man mit den Arbeiten begonnen, die voraussichtlich bis ins Frühjahr 2008 dauern werden.

6 Er ist 2 mm gross, lebt in 40 cm Tiefe und ist blind: Der **Kleine Erdrüssler**. Käfer dieser Art könnten die ältesten Einwohner auf Stadtgebiet sein, vielleicht leben sie schon seit dem Tertiär hier, also seit der Zeit vor den Eiszeiten. Gefunden wurde ein Exemplar durch Zufall am Kleinbasler Rheinufer, dem ältesten amtlichen Naturschutzgebiet der Schweiz.

7 Mit einer gemeinsamen **Standesinitiative** kämpfen beide Basel für den Bahntunnel durch den Wisenberg. Aus Kostengründen möchten die SBB und das BAV (Bundesamt für Verkehr) das Bahnprojekt aus der ZEB (Zukünftige Entwicklung der Bahn-Grossprojekte) streichen.

8 Das Zollamt Weil am Rhein-Friedlingen gibt bekannt: 2006 wurden rund 940 000 Ausfuhr- und Abnehmerbescheinigungen, die sogenannten ‹grünen Zettel›, abgestempelt. Das heisst: Der **Einkaufstourismus** blüht nach wie vor, er ging nur um 3 Prozent zurück.

9 An der **Schola Cantorum Basiliensis** richtet der Nationalfonds eine Förderprofessur ein. Es ist dies die erste an einer Schweizer Musikhochschule. Ernannt für die Professur wurde Christine Fischer.

10 Der ‹Seelensilo› bzw. die ‹Vater-Unser-Fabrik›, die von Karl Moser entworfene **St. Anton-Kirche**, hatte vor 80 Jahren ihre Benediktion, das heisst sie darf seither für den Gottesdienst genutzt werden. Die Weihe fand 1931 statt. Dieses Wochenende feiert die Kirchgemeinde mit einer Ausstellung, mit Führungen und mehr.

11 Mit 85 Prozent stimmen die Baselbieter Stimmberechtigten dem Staatsvertrag mit dem Kanton Basel-Stadt über eine **gemeinsame Universitätsträgerschaft** zu. Damit ist Baselland rückwirkend zum 1. Januar 2007 Uni-Kanton.

11 2 Minuten und 43 Sekunden braucht Gabriel Lombriser, um die 13 Stockwerke mit 542 Stufen des Basler Messeturms zu überwinden. Er ist damit Sieger des **4. ‹Tower-Running›**, das im Rahmen der Muba-Sportdays stattfindet.

12 Ab heute fährt das erste sanierte **Combino-Tram**. Am 14. März 2004 mussten alle 28 Basler Trams dieser Flotte aus dem Verkehr gezogen werden. Die Fahrgäste werden hauptsächlich die neu bezogenen Sitze bemerken.

14 Auf dem Münsterplatz beginnen die Bauarbeiten für die Sanierung **maroder Kanal- und Gasleitungen**; sie sollen bis 2012 beendet sein. Anschliessend soll der gesamte Platz zur Fussgängerzone werden.

14 Der **Staatspräsident der Republik Bulgarien** Georgi Parvanov nimmt an der Eröffnung der Ausstellung ‹Die alten Zivilisationen Bulgariens. Das Gold der Thraker› im Antikenmuseum teil. Bei der Feier im Stadt-Casino ist auch Bundesrat Pascal Couchepin anwesend. Parvanov wurde auch im Rathaus empfangen.

17 Königliche Vernissage: **Königin Sonja von Norwegen** eröffnet die Ausstellung ‹Edvard Munch. Zeichen der Moderne› in der Fondation Beyeler. Die Ausstellung zeigt rund 130 Gemälde, 80 Zeichnungen und druckgrafische Arbeiten des norwegischen Künstlers.

18 Der letzte **Bummelsonntag** war stürmisch bei starken Regenfällen.

20 In der Voltahalle nimmt Regierungsrätin Barbara Schneider stellvertretend die Goldmedaille für die Energiepolitik der Stadt entgegen. Verliehen wird sie vom **Forum European Energy Award**.

21 Wieder hat die Erde gebebt. Dieses Mal mit einer Magnitude von 2,8 auf der Richterskala. Nach den **Erdbeben**, die durch das Geothermieprojekt ausgelöst wurden, erhielt die Geopower Basel AG bis heute Schadensmeldungen mit einer Schadenssumme von gut 2 Millionen Franken. Noch immer treffen täglich Meldungen ein.

22 Die **Fachhochschule Nordwestschweiz** (FHNW) zieht nach einem Jahr eine positive Bilanz.

Im Hafen geht die Arbeit aus.

Die FHNW ist ein gemeinsames Projekt der Kantone Basel-Stadt, Basel-Landschaft, Solothurn und Aargau.

23 Der **Eurodistrictrat** tagt am Abend im Grossen Rat. Die 50 Mitglieder aus der Nordwestschweiz, dem Elsass und Südbaden verabschieden u.a. eine Resolution zum Geothermieprojekt: Vor der Wiederaufnahme soll eine umfassende Risikoanalyse durchgeführt werden.

26 Auf Einladung der **Statistisch-volkswirtschaftlichen Gesellschaft** spricht Bundesrat Christoph Blocher.

27 In der Bibliothek der Allgemeinen Bibliotheken im wurde ein **neuer Lesesaal** eingerichtet. Dort liegen 200 Zeitungen und 20 Zeitschriften auf.

28 Die Solarfähre ‹**IG Rheinbogen**› wird getauft. Ab 1. März wird das Boot sonntäglich vom Dreiländereck bis ans deutsche Rheinufer am Weiler Rheinpark fahren. Die Übersetzung ist gratis.

29 Weil ein Schiff auf dem Rhein bei Köln 31 Container verloren hat, weshalb der Fluss für die Schifffahrt gesperrt wurde, geht im **Basler Rheinhafen** die Arbeit langsam aus. Nach der

Bergung der Container und der anschliessenden Öffnung des Rheins wird im Hafen ein Schiffsansturm erwartet.

30 Der Versuch, eine **Schuluniform** einzuführen, ist gescheitert. Die Schüler zweier Klassen der Weiterbildungsschule Leonhard beschliessen nach der Pilotphase, das Projekt nicht weiterzuführen.

30 Sie liegt nicht in Basel, doch für das Dreiländereck ist sie jetzt schon so etwas wie ein Wahrzeichen: Die **Fussgängerbrücke** über den Rhein bei Huningue und Weil am Rhein wird offiziell eröffnet.

31 Seit dem Vortag findet die **11. ‹BScene›** statt. Bei den Konzerten des Clubfestivals spielen insgeamt 270 Künstler vor rund 5400 Besuchern.

April

1 An diesem Wochenende öffnen acht **Moscheen** ihre Türen für interessierte Besucher. Regierungsrat Ralph Lewin besucht die Feith-Moschee am Leimgrubenweg.

1 Die **Basler Berufsfeuerwehr** feiert im Lützelhof ihr 125-Jahr-Jubiläum.

2 Erfolglos versuchen **Einbrecher** in die Bijouterie Mezger an der Streitgasse einzudringen. Die Schaufenster gehen nicht zu Bruch. Das Ladengeschäft war seit 1997 bereits zwölf Mal Ziel von Einbrüchen bzw. Einbruchsversuchen und zwei Mal von Raubüberfällen.

3 In der voll besetzten **Aula der Universität** spricht die EU-Kommissarin Benita Ferrero-Waldner zum Thema ‹50 Jahre Römische Verträge – was es zu feiern gibt›. Ein Schwerpunkt ihrer Rede ist die Entwicklung der Beziehungen der Schweiz zur EU.

4 **Marguerite Gröbli-Stadelmann** feiert ihren 100. Geburtstag.

4 Nach der Eröffnung der Rheinbrücke von Weil nach Huningue wird überlegt, ob zwischen **Dreiländereck** und der Nordspitze des Hafens ebenfalls eine Brücke gebaut werden soll.

6 **Schwester Helen Knoll** aus der Schwesterngemeinschaft ‹Helferinnen vom Heiligen Geist› feiert ihren 100. Geburtstag.

7 Der Osterverkehr führt lediglich am heutigen Samstag zu kleineren **Verkehrsstaus** beim Autobahnübergang Basel–St-Louis. Die Grenzpolizei sieht im schönen Wetter einen Grund für den flüssigen Verkehr.

9 Am heutigen Ostermontag wird die erst im Dezember 2006 eingeführte **Buslinie 52** zum letzten Mal bedient. Der 52er Bus fuhr vom Badischen Bahnhof via Messe-Hotels zum Flughafen; es nutzen ihn nur 1,7 Prozent der potenziellen Kundschaft.

10 Im Rathaus präsentiert der Konzernleiter der Schweizerischen Post eine neue **Briefmarke**: Auf der Sondermarke ist Roger Federer mit dem Wimbledon-Pokal zu sehen. Die Marke hat den Wert von 1 Franken. Roger Federer ist bei der Feier anwesend – eine Besonderheit, denn normalerweise werden auf den Schweizer Briefmarken keine lebenden Personen abgebildet.

11 Nach 16 Jahren hängt am Eingang des **Basler Staatsarchivs** wieder das historische Türschild, das seinerzeit von Mitgliedern der Verbindung

13,5 °C

Zofingia als Streich entwendet worden war. Zufällig wurde es jetzt auf einem Foto auf der Website ‹onlinereports.ch› entdeckt. Das Hauptmotiv des Bildes war jedoch die Heilerin Uriella, die zu einem Vortrag in das Verbindungshaus eingeladen war; das Schild war im Bildhintergrund zu sehen.

12 Bundesrat Hans-Rudolf Merz eröffnet die ‹Baselworld›, die 35. Auflage der Uhren- und Schmuckmesse. 2000 Aussteller aus 45 Nationen präsentieren ihre Objekte in 6 Messehallen auf 160 000 m².

13 Der Verwaltungsrat des Schauspielhauses Zürich wählt die Basler Regisseurin Barbara Frey ab der Spielzeit 2009/10 zur **neuen Intendantin**. Sie wird die erste Frau sein, die das Haus leitet. Die bisherigen Stationen der 44-Jährigen waren u. a. Basel, Berlin und Zürich.

15 Am Wochenende ist **Frühsommer**. Temperaturen bis zu 26 °C locken die Menschen ins Freie. In den lauen Nächten ist besonders das Kleinbasler Rheinbord ein beliebter Treffpunkt. Morgens müssen dort jeweils 2 t Abfall entfernt werden.

16 Die **Wassertemperatur** des Rheins beträgt 13,5 °C, die der Birs gar 13,9 °C. Damit ist das Wasser der beiden Fliessgewässer so warm wie seit Jahren nicht mehr um diese Jahreszeit.

18 Ein **Stromausfall** in Tecknau bringt das Stellwerksystem zum Absturz und legt den Zugverkehr zwischen Basel und Olten von 18.00 bis 21.45 Uhr lahm. Es kommt zu Zugausfällen und grossen Verspätungen. Die wichtigsten Züge werden ‹in Handbetrieb› über die Strecke gelotst.

19 Mit einem **Besucherrekord** schliesst die ‹Baselworld›: 101 700 Interessierte aus 100 Ländern kamen zur Fachmesse. Das sind 8 Prozent mehr als im Vorjahr.

20 In der Martinskirche, wo **Leonhard Euler** vor 300 Jahren getauft wurde, wird mit launigen Reden und neuer Musik des 300. Geburtstags des Mathematikers gedacht. Vertreter der wissenschaftlichen Akademien aus St. Petersburg und Berlin sowie der Universität Basel würdigen den bis heute bedeutenden Wissenschaftler.

21 Seinen 100. Geburtstag feiert der Musiker und Komponist **Max Husi-Binhard**.

Basel begrüsst Massachusetts

21 Ein Empfang im Rathaus bildet den Auftakt eines ‹Runden Tisches der Religionen›. Regierungsräte, Integrationsdelegierte und Vertreter der Moscheenvereine beider Basel diskutieren über Integrationsmassnahmen und Religionsfrieden. Ein Thema ist auch der Wunsch nach einer Zentralmoschee in Basel.

23 Im Grossratssaal begrüsst Regierungsrat Ralph Lewin 17 Jugendliche der Gloucester High School aus dem US-Bundesstaat Massachusetts. Sie sind in Basel im Rahmen einer ‹Sister-State-Relationship› zwischen dem Kanton Basel-Stadt und Massachusetts, besuchen den Unterricht am Gymnasium Leonhard und geniessen ein touristisches Programm.

25 Von nun an wird es umfangreiche **Arbeiten an den Basler Tramgleisen** geben. Heute ist Baubeginn an der Elisabethenstrasse. Es werden Baustellen an weiteren Orten folgen: Innere Margarethen, Klybeckstrasse, Laupenring, Rehhagstrasse, St. Jakobs-Strasse, Thiersteinerallee, Birsfelden, Binningen Kronenplatz. Die Bauarbeiten sollen Ende des Jahres abgeschlossen sein.

25 **Albert Doebbelin-Mayer** feiert seinen 100. Geburtstag.

26 100 Jahre alt wird **Elsa Dürrenberger-Rudin**.

26 Das ‹**Alte Warteck**› und drei daran anschliessende Häuser am Riehenring sollen nicht unter Denkmalschutz gestellt werden, so ein Beschluss der Regierung. Auch weil sie mehrfach umgebaut wurden, will man ihnen die Hochrangigkeit für den formellen Schutz nicht zuerkennen.

26 In beiden Basel ist es ab sofort verboten, offenes Feuer im Wald oder in Waldesnähe zu entzünden. Grund dafür ist die anhaltende **Trockenheit** wegen des sommerlichen Wetters.

Mai

1 Anlässlich der **1.-Mai-Kundgebung** ziehen etwa 2000 Menschen vom Clara- zum Marktplatz. Dort rufen Grossratspräsidentin Brigitta Gerber (Grünes Bündnis) und SP-Grossrätin Christine Keller zu mehr Respekt gegenüber Arbeitnehmern auf. Anschliessend wird auf dem Barfüsserplatz gefeiert.
Derweilen besetzt eine Gruppe von vierzig bis fünfzig Personen aus dem ‹Schwarzen Block› das ehemalige **Hotel Steinengraben**.

3 In einer Rahmenvereinbarung haben die französischen Behörden, der Kanton Basel-Stadt und Novartis die zukünftige **Verkehrsführung nach Huningue** festgelegt. Statt der dann gesperrten Hüningerstrasse (diese wird dem Novartis-Areal einverleibt) wird der Verkehr über eine neu geschaffene ‹Avenue de Bâle› geführt.

4 250 Schüler und 50 Lehrer müssen sich einer **Tuberkuloseuntersuchung** beim Kinder- und Jugendgesundheitsdienst unterziehen. Ein Lehrer der Minerva-Schulen ist erkrankt. Nun wird geklärt, ob es Ansteckungen gab.

5 Mit dem Konzert des Blue Note Quintett im Schauspielhaus geht das diesjährige **Jazzfestival** zu Ende. Es gab 24 Konzerte, die von 7500 Menschen besucht wurden. Neu als Spielort kam in diesem Jahr die Kaserne hinzu.

7 Die **Polizei räumt** das am 1. Mai besetzte Hotel Steinengraben. 19 Besetzer werden festgenommen. Nach der Räumung demonstrieren und randalieren Sympathisanten vor einem Polizeiposten, es werden weitere 14 Personen festgenommen.

7 Auf der Kunsteisbahn Margarethen und auf dem Kasernenareal werden im Beisein von Erziehungsdirektor Christoph Eymann **Übungsgelände für junge Velofahrer** eröffnet. Da die Freiräume in der Stadt fehlen, kann hier das sichere Velofahren im Stadtraum geübt werden. Lehrpersonal und Verkehrsinstruktoren helfen dabei.

8 Weil es endlich wieder regnet wird das **Feuerentfachverbot** aufgehoben, teilt das Forstamt beider Basel mit.

8 Nach siebenmonatiger Fahrt ist der in Basel gestartete **Solarkatamaran ‹sun21›** in New York angekommen.

Die Theaterfalle feiert den Durchbruch.

10 Mit dem ungarischen Literaturnobelpreisträger Imre Kertész als Ehrengast wird die diesjährige ‹BuchBasel› in der Messehalle 3 eröffnet.

11 Das Pharmaunternehmen Roche weiht den ‹Bau 95› ein, ein Biotechnologiezentrum an der Grenzacherstrasse. Mit dabei sind Bundesrat Pascal Couchepin und Baudirektorin Barbara Schneider. In dem 400 Millionen Franken teuren Bau wurden 170 neue Stellen geschaffen.

13 Mit einem ‹Open House› feiert die **Fondation Beyeler** in Riehen ihr 10-jähriges Bestehen. Es gibt Workshops, Kurzführungen, einen Wettbewerb, Zirkusartistik, Live-Jazz und auch eine Steindruck-Werkstatt mit dem Basler Künstler Samuel Buri. Für das Jubiläum hat er eine Sonderedition gestaltet.

13 Die Buchhändlerin **Ursula Wernle Jenny** erlag im Alter von 46 Jahren einem Krebsleiden. Ihre Buchhandlung war mehr als ein Verkaufsort für Bücher, er war Begegnungsort. Im Untergeschoss hatte sie 2006 zusammen mit ihrem Mann Matthyas Jenny das ‹Kleine Literaturhaus› eröffnet.

14 Das **Hotelschiff ‹Britannia›** rammt einen Pfeiler der Dreirosenbrücke. Anschliessend treibt es durch den Brückenbogen, wobei der Deckaufbau abgerissen wird. Beim Hafen St. Johann kann es notdürftig gesichert werden. Von den 215 Personen an Bord werden 8 leicht verletzt.

18 Insgesamt wurden im Zusammenhang mit den **Geothermie-Beben** 320 Schadensfälle beim Kriminalkommissariat gemeldet. Dieses leitet sie nun an die Staatsanwaltschaft weiter.

21 Unter dem Motto ‹**Freie Sicht auf den Rhein!**› feiert die Theaterfalle ihr 20-Jahr-Jubiläum auf der Kasernenmatte. Somit wurde der lang diskutierte Kasernen-Durchbruch – wenigstens symbolisch – ausgeführt.

21 Mit **29,6 °C** wird fast das Kriterium für einen Hitzetag erreicht. Dieses liegt bei 30 °C.

21 Im Alter von 86 Jahren ist **Dietrich Staehelin** gestorben. Er wurde 1949 Gerichtsschreiber am Zivilgericht und 1958 zum Zivilgerichtspräsidenten gewählt. Im Jahr 1974 trat er das Amt eines Appellationsgerichtspräsidenten an, und von 1982 bis zu seinem Rücktritt 1987 war er dessen vorsitzender Präsident und somit oberster Richter im Kanton Basel-Stadt.

22 Bei den verkauften **Umwelt-Abos** wurde im letzten Jahr erstmals die Zwei-Millionen-Grenze überschritten. Dies gibt der Tarifverbund Nordwestschweiz bekannt.

Von Bern zur Cup-Feier auf den Barfüsserplatz

25 Zwei Basler Architekturbüros haben mit einem gemeinsamen Entwurf den Wettbewerb für den Schweizer Pavillon bei der **Weltausstellung 2010** in Schanghai gewonnen: Buchner Bründler Architekten und die Element GmbH.

28 Die 1954 fertiggestellte **Rundhofhalle** wird nach dem Willen der Regierung ins Denkmalbuch eingeschrieben. Damit wird die baukünstlerische, architekturhistorische, städtebauliche und geschichtliche Bedeutung des Gebäudes gewürdigt.

28 Der **FC Basel** wird in Bern mit einem Penalty-Tor gegen den FC Luzern zum achten Mal Schweizer Cupsieger. Wenig später feiern die Basler ihren Club auf dem Barfüsserplatz. Ein Trost für den FCB und seine Fans, die vier Tage zuvor den Meistertitel unglücklich verpassten.

29 Die Kantone Basel-Stadt, Basel-Landschaft, Solothurn und Aargau streben einen gemeinsamen **Bildungsraum Nordwestschweiz** an. Dies verkünden die vier Nordwestschweizer Bildungsdirektoren bei einer Medienorientierung. Ziel ist, an allen Schulen dieselben Strukturen und Bildungsziele einzuführen.

30 Auf dem ‹Baufeld B› der **Erlenmatt** macht Baudirektorin Barbara Schneider den ersten Spatenstich für die erste Bauetappe. Auf rund 12 000 m³ sollen zunächst 250 Wohnungen für Familien entstehen.

30 Am Claraplatz eröffnet der deutsche Discounter **Aldi** eine Filiale. Zur Eröffnung herrscht grosses Gedränge. Besonders kurios sind die Preise mit 99 Rappen, sind doch die Einräppler seit dem 1. Januar nicht mehr kursgültig.

31 Pater **Felix Trösch** ist gestorben. Er war u. a. Dekan der Römisch-Katholischen Kirche Basel-Stadt (1979–1990) und als Spitalseelsorger tätig. Pater Trösch war ein Mann der Ökumene – dies war für ihn ein Tätigkeitswort. Dadurch ersparte er sich manchen Grabenkampf und manche Abgrenzungsdiskussion. Ökumene bedeutet – und so verstand es Pater Trösch auch – den ganzen bewohnten Erdkreis. Diesen weiten Blick hat sich Pater Trösch bis ans Ende bewahrt.

31 In den letzten Wochen wurde auf Baustellen und in Werkhöfen **Altmetall** im Wert von 350 000 Franken gestohlen. Die Preise für Rohstoffe sind auf Rekordhöhe gestiegen, der Diebstahl lohnt sich. Zehn Geschädigte haben Anzeige erstattet.

Riesenrad auf der Dreirosenbrücke

Juni

1 Für die **Casino-Abstimmung** am 17. Juni geben die Parteien ihre Parolen aus. Die Befürworter sind SP, Grüne, CVP, FDP und LDP. Dagegen sind BastA! und SVP. Stimmfreigabe geben die DSP und EVP. Das Thema wird auch in den Medien heftig diskutiert.

2 Die **Krebsliga** beider Basel feiert auf dem Theaterplatz ihren 50. Geburtstag. Im Theaterfoyer gibt es Grussworte und eine Podiumsdiskussion.

2 Im Joggeli fand das **Freundschafts-Länderspiel** Schweiz–Argentinien unter erschwerten Bedingungen statt: Heftige Gewitter machten den Rasen quasi unbespielbar. 2:2 war der Endstand.

5 Im ehemaligen Polizeiposten im Rathaus wird der ‹Euro-2008-Infocorner› eröffnet. Dort kann sich die Bevölkerung über den nächstjährigen Grossanlass informieren.

6 **Alice Hungerbühler-Widmer** feiert ihren 100. Geburtstag.

6 In einem Jahr wird im Joggeli das Eröffnungsspiel der Euro 2008 angepfiffen. Ab heute steht auf dem Bahnhofsplatz eine **Countdown-Uhr**, die minutengenau anzeigt, wie lange noch zu warten ist.

6 Mehr Verantwortung für die Gemeinden: Der Grosse Rat stimmt der **Übertragung der Primarschulen** an Riehen und Bettingen zu.

8 Mit einem zweitägigen Volksfest wird die Eröffnung der **Nordtangente** gefeiert. Sichtbares Zeichen dafür ist ein Riesenrad auf der Dreirosenbrücke. Der Auftakt ist jedoch hauptsächlich geprägt von einem sehr starken Wolkenbruch.

8 Der Bahnhof SBB ist heute und auch morgen eine riesige Festhalle: Gefeiert werden **100 Jahre Centralbahnhof**.

8 Auch das Gundeli feiert heute und am Wochenende: mit dem jährlichen ‹Mammut-Umgang› und dem **Jugendfest** – der Jugendfestverein wird in diesem Jahr 250 Jahre alt.

10 Ab heute verkehrt der **TGV** von Basel nach Paris. Er fährt bis zu 320 km/h schnell und braucht für die Strecke nur 3,5 Stunden.

11 Auf die Festtage folgt endlich der Alltag: Die 3,2 km lange **Nordtangente** ist für den gesamten Verkehr geöffnet. Bei einer Planungs- und Realisationszeit von über 50 Jahren hat sie 1,6 Milliarden Franken gekostet. Sie verbindet

das Schweizer Nationalstrassennetz mit der französischen Autobahn A 35. Die Nordtangente bringt eine wesentliche Verkehrsentlastung in Basels Norden.

12 Die **38. Art Basel** wird eröffnet. 300 Galerien präsentieren 2000 Künstler. Auf dem Euro-Airport Basel-Mulhouse-Freiburg werden während der Messezeit 200 Privatjets erwartet. An der Vernissage wird die Nachfolge des langjährigen Leiters der Kunstmesse Sam Keller bekanntgegeben. Es ist ein Leitungstrio mit Cay Sophie Rabinowitz (künstlerische Leitung), Annette Schönholzer (Organisation) und Marc Spiegler (Entwicklung).

13 Umgerechnet 30,9 kg **Abfall** werden in Basel pro Einwohner und Jahr auf die Strasse geworfen. Mit dieser Menge ist Basel führend in Europa.

14 Seit 30 Jahren schon spritzt der **Tinguely-Brunnen**, der Fasnachtsbrunnen, auf dem Theaterplatz vor sich hin.

14 Für ihr Nordareal an der Wettsteinallee legt die Firma Roche zusammen mit dem Baudepartement einen **Bebauungsplan** vor. Er wurde vom Architekturbüro Herzog & de Meuron erarbeitet.

15 Das internationale Energieforum ‹sun21› ist eröffnet. Es findet zum 10. Mal in Basel statt und widmet sich der Umsetzung nachhaltiger Energietechnologien. Regierungsrat Christoph Eymann, einer der Mitbegründer, würdigt die Erfolge, Regierungsrätin Barbara Schneider hebt die wertvollen Beiträge zur Problemdefinition und deren Lösung hervor. Auch Regierungsrat Guy Morin ist bei der Eröffnung anwesend. Eymann überreicht den Protagonisten der ‹sun21› zum Jubiläum ein besonderes Geschenk: Armreife, die der Basler Umweltaktivist Bruno Manser ihm einmal gab, mit der Bitte, «sie an gute Menschen zu verschenken».

17 Fast zwei Drittel der abgegebenen Stimmen waren gegen den 40-Millionen-Kredit für ein **Neues Stadt-Casino** und die Zonenänderung. 35 854 Stimmbürger (62,6 Prozent) sagten Nein, Ja sagten 21 387 (37,4 Prozent). Der Entwurf aus dem Büro der irakischen Star-Architektin Zaha Hadid wird darum nicht umgesetzt.

17 Ebenfalls abgelehnt wird die **Trolleybus-Initiative**. 27 403 Bürger (53,7 Prozent) stimmen mit Nein, 23 645 (46,3 Prozent) mit Ja. Der

Der Weg nach Birsfelden wird noch lange unterbrochen sein.

Gasbus-Gegenvorschlag, der auch von der Regierung und dem Parlament unterstützt wird, kommt mit 27 682 zu 20 907 Stimmen durch. Damit werden Ende 2008 alle Trolleybusse in der Stadt durch Gasbusse ersetzt sein.

17 Die Stimmbevölkerung von Baselland stimmt mit einem klaren Ja der **Fusion der Rheinhäfen beider Basel** zu. 49 277 Stimmen (81,2 Prozent) sind dafür, 11 376 (18,8 Prozent) dagegen. Die Fusion soll am 1. Januar 2008 vollzogen werden.

19 Die Jahresmedienkonferenz der **Handelskammer beider Basel** ist zugleich die Feierstunde zu ihrem 10-jährigen Bestehen. Die Handelskammer beider Basel entstand durch die Fusion der Basler Handelskammer und des Verbands Basellandschaftlicher Unternehmen. An der Feier hält auch Bundesrätin Doris Leuthard eine Rede.

19 Der **Bürgergemeinderat** wählt einstimmig für die nächste Legislaturperiode, die am 15. September beginnt, Felix Eymann (DSP) zum Präsidenten des Bürgerrats und Leonhard Burckhardt (SP) zu einem Statthalter.

20 Weihnachten wirft seine Schatten voraus: Alle Verkaufslokale im Kanton dürfen an den **beiden Sonntagen vor Weihnachten** (16. und 23. Dezember) öffnen. Das Amt für Wirtschaft und Arbeit erteilt dem Detailhandel auf Antrag der Sozialpartner eine generelle Bewilligung. Lehrlinge und Jugendliche dürfen an den beiden Tagen jedoch nicht arbeiten.

21 Der neu gestaltete **Matthäuskirchplatz** wird von Regierungsrätin Barbara Schneider bei einer Feier der Öffentlichkeit übergeben.

22 Die **Grüne Partei** feiert im Rathaus die Gründung der ‹Grünen Alternative› im Jahr 1987, also vor 20 Jahren. Gastredner ist Andreas Burckhardt, liberaler Politiker und Handelskammerdirektor.

22 Der **Fussgängersteg** über die Birs am Birsköpfli ist bis auf Weiteres gesperrt. Passanten hatten die Polizei darauf aufmerksam gemacht, dass eines der Tragseile gerissen war.

23 Über vierzig Vereine bieten zwischen 18 und 1 Uhr im Rahmen der **Sportnacht** in der ganzen Stadt über 400 verschiedene Sport-Workshops an.

24 Xaver Pfister, der katholische Laientheologe und streitbare Sprecher der Römisch-Katholischen Kirche Basel-Stadt, erhält in Luzern den **Herbert-Haag-Preis**.

Das letzte Teilstück der Nordtangente

25 Mit 2,86 **öffentlichen WC-Anlagen** pro Quadrat-
kilometer verfügt Basel über das dichteste
Netz an WC-Anlagen schweizweit.

27 Bereits zwanzig Stunden nach seiner **Flucht**
wird der Mann, der am Vortag aus dem
Waaghof ausgebrochen ist, von der Polizei
wieder festgenommen. Bevor er ins Gefängnis
musste, hatte er in der Notschlafstelle an der
Alemannengasse eine Sporttasche mit Diebes-
gut deponiert, die er nach dem Ausbruch
abholen wollte. Allerdings erwartete ihn dort
die Polizei und brachte ihn zurück in den
Waaghof.

30 Die Papiermühle im St. Alban-Tal hat ein **neues
Wasserrad**. Nach 27 Jahren musste das alte ersetzt werden. Das neue Rad wiegt 4,5 t und
hat einen Durchmesser von 4,5 m.

30 **Emma Bronner** feiert ihren 100. Geburtstag.

Juli

1 Mit einem nationalen Weidlings-Paarwett-
fahren, einem Jubiläums- und einem Festakt
im Rathaus feiert der **Wasserfahrverein Horburg**
sein 100-jähriges Bestehen.

2 Im frisch renovierten Römertheater in Augst
feiert der **Kanton Basel-Landschaft** sein 175-jäh-
riges Jubiläum. Bei den Festreden der Basler
Regierungspräsidentin Eva Herzog, der Baselbieter Regierungspräsidentin Sabine Pegoraro
und der Landratspräsidentin Ester Maag
(die letzten beiden neu gewählt) stand Verbin-
dendes statt Trennendes im Vordergrund.
«Unsere Region braucht ein starkes Zentrum,
das Zentrum braucht eine starke Region», so
Pegoraro.

4 Der frühere Abteilungsleiter im Basler Erziehungsdepartement Andreas Spilmann wird
definitiv zum **Direktor der Schweizerischen
Landesmuseen** in Zürich ernannt. Er hat dieses
Amt bereits seit einem Jahr interimistisch
inne.

4 Der **Tunnel für den Autobahnanschluss Luzerner-
ring** ist im Rohbau fertig. Er wird im nächsten
Jahr eröffnet. Mit diesem letzten Strassenstück

ist der Bau der Nordtangente nun abgeschlossen.

7 Der 7.7.7 ist ein beliebtes Datum: 15 Paare geben sich auf dem Basler Zivilstandesamt das **Ja-Wort**.

8 Am Fährenseil verfängt sich ein Hängegleiter, die Feuerwehr muss retten. Dies ist eine der spektakulären Aktionen, die zum 125-Jahr-Jubiläum der **Basler Berufsfeuerwehr** während der letzten drei Tagen geboten wurden. Die Feuerwehr feiert zusammen mit dem Fähriverein, denn die **Klingentalfähre ‹Vogel Gryff›** gibt es seit 145 Jahren.

11 Die 53 Hotelbetriebe der Stadt haben in der ersten Jahreshälfte 461 041 **Übernachtungen** verzeichnet. So viele Logiernächte gab es noch nie.

12 Im Hafenbecken I kommt der holländische **Rheinfrachter ‹Jentina V›** in Schräglage und droht zu kentern. Die abgesunkene Seite liegt zwei Meter tiefer, die Kante ragt nur wenige Zentimeter aus dem Wasser. Die Ladung, 1250 t Aluminium, war während des Entladens ins Rutschen geraten. Verletzt wurde niemand.

12 Die **Bürgerberatungsstelle ‹Infobest›**, sie bietet Information und Beratung bei grenzüberschreitenden Fragen zwischen Frankreich, Deutschland und der Schweiz, erhält heute ihre 50 000. Anfrage seit ihrem Start im Jahr 1993.

13 Von der Ladung des beinahe gekenterten Rheinschiffs ‹Jentina V› wurden 46 Barren **Aluminium gestohlen**, die bei der Bergung auf Bahnwaggons zwischengelagert worden waren.

15 Endlich **Sommer**: Das Hoch ‹Andrea› bringt Sommertemperaturen. Nach der lang anhaltenden Kaltwetterperiode mit viel Regen wird das schöne Wetter genossen. In Basel-Binningen werden 33,5 °C gemessen.

16 Die Schweizer Grenzwacht rettet eine **manövrierunfähige Jacht** auf dem Rhein und schleppt sie ins Hafenbecken I. Das Boot war nach 17 Uhr flussabwärts gegen einen Jachthafen getrieben. Die sechs Personen an Bord der Jacht riefen um Hilfe und machten mit einer Notfahne auf sich aufmerksam.

17 Die zweite Ausgabe des ‹**Basel Tattoo**› hat Premiere. Bis zum Samstag werden in der ausverkauften Arena auf der Kasernenwiese Abend für Abend jeweils über 7500 Zuschauer erwartet. Geboten wird: Virtuoses Dudelsackspiel, treibende Trommelwirbel, ausgeklügelte Choreografien.

Die Roggenburgerstrasse nach dem Absturz

18 Weil ca. fünfzig Reklamationen wegen **Lärm-belästigung** bei der Polizei eingingen, wird bei den weiteren ‹Tattoo›-Aufführungen auf dem Kasernenareal auf Böllerschüsse verzichtet.

19 Seit heute sind die beiden **Löwenbabys** im Basler Zoo an der frischen Luft und zeigen sich dem Publikum. Sie wurden am 11. Juni geboren.

19 Ein Passant entdeckt in einem Waldstück in Dornach 15 Aluminiumbarren à 24 kg, die aus dem **Diebstahl vom Rheinhafen** Kleinhüningen stammen. Ganz in der Nähe wurden schon am 13. Juli 13 Barren der Diebesbeute gefunden. Seit dem Diebstahl vom 13. Juli sind damit 36 der 48 gestohlenen Aluminiumbarren wieder aufgetaucht.

20 **Irma Gächter-Schmid** feiert ihren 100. Geburtstag.

20 Heute können zum ersten Mal sechs **Auto-Kontrollnummern** ersteigert werden. Die Versteigerung der einstelligen BS-Nummern beginnt um 6 Uhr auf einem Internetportal.

22 Im St. Jakob-Park startet der **FC Basel** mit einem 1:0-Sieg gegen den aktuellen Schweizer Meister FC Zürich in die Super-League-Saison. Das Tor schoss in der 69. Minute Marco Streller.

23 **Flugzeugabsturz:** Ein Kleinflugzeug, das kurz zuvor auf dem EuroAirport gestartet ist, stürzt in den Dachstock eines Mehrfamilienhauses an der Roggenburgstrasse. Der erfahrene Pilot des Flugzeugs kommt dabei ums Leben. Er wollte mit seiner einmotorigen Maschine in einem Weltrekordversuch über den Atlantik fliegen.

25 Das **Grossbasler Rheinbord** wird zur Chill-out-Zone. Bei der Münsterfähre unterhalb der Pfalz steht bis zum 25. August die ‹längste Bar der Stadt›.

29 Bei einer **Schlägerei in der Steinenvorstadt** wird ein Mann leicht verletzt. Kurz nach 1 Uhr provozierte ein Gast den Geschäftsführer einer Beiz in der Amüsiermeile. Fünf Männer kamen dem Chef zu Hilfe; alle sieben Beteiligten waren mehr oder weniger betrunken. Die Polizei bekam die Situation rasch unter Kontrolle. Der Sachschaden an Mobiliar und Gläsern wird auf 600 Franken beziffert.

30 Bei der **Internet-Versteigerung** der sechs tiefzahligen Auto-Kontrollnummern werden 46 350 Franken eingenommen. Das höchste Gebot erzielte die Nummer ‹BS 7› mit 24 500 Franken.

Rekordhochwasser

August

1 Mit einem **Feuerwerk** mit insgesamt 1500 Zünd-
befehlen, dessen Ablauf in einem 33-seitigen
Drehbuch festgehalten ist, das 26 Minuten und
10 Sekunden dauert und rund 70 000 Franken
kostet, wird am Rhein die Bundesfeier began-
gen. Erstmals wird das Feuerwerk von zwei
Schiffen aus gezündet.

3 3480 Paar **gefälschte Sportschuhe** werden vom
Zollamt Weil am Rhein-Autobahn aus dem
Verkehr gezogen. Die gefälschten Produkte
sollten aus der Schweiz in die EU eingeführt
werden.

6 Von heute, 7 Uhr, bis zum 12. August ist das
Deck 1 des **Parkhauses City** geschlossen. Boden
und Wände des Parkdecks werden neu gestrichen. Diese Arbeiten sind Teil einer umfassenden Sanierung.

7 Durch einen **Blitzeinschlag** geriet am Morgen
der Dachstock des Wohnhauses Elsässerstrasse
125 in Brand. 15 Personen mussten evakuiert
werden, verletzt wurde jedoch niemand. Die
Berufsfeuerwehr konnte den Brand relativ
rasch löschen. Das Feuer flammte während
erster Räumungsarbeiten aber noch einmal

auf. Das Dach der Eckliegenschaft zur Hüningerstrasse wurde stark beschädigt.

8 Der Untergang des Club- und Konzertlokals
‹**Das Schiff**› im Hüninger Rheinhafen konnte
verhindert werden: Eine Schweizer Inves-
torengruppe kauft das Lokal und lässt die
Tiefgang AG den Kultur- und Gastrobetrieb
weiterführen.

8 Wegen Unterhaltsarbeiten müssen im Kleinbasel und im Hirzbrunnen über tausend IWB-
Kunden für einen **Tag ohne warmes Wasser
auskommen**: An der Schönaustrasse werden
die Armaturen ausgewechselt.

9 Von gestern 6 Uhr bis heute 6 Uhr fielen
126,4 l/m² **Regen**. Der Monatsdurchschnitt liegt
normalerweise bei 87 l. Da der Rhein enorm
anstieg, wurde ein Krisenstab einberufen.
Der Pegel blieb dann aber 25 cm unter dem
bedenklichen Wasserstand.

10 Der Regen hört auf, der **Rheinpegel** sinkt
wieder, sodass die ersten Schiffe wieder
fahren können. Die Feuerwehr hatte wegen
Regen und Hochwasser bisher über achtzig
Einsätze.

10 Im August beginnen 72 Frauen und 78 Männer
ihre **Ausbildung beim Kanton Basel-Stadt**. Heute

empfängt sie Regierungsrätin Barbara Schneider im Rathaus.

12 Die **Nachbargemeinde Huningue** beschwert sich offiziell wegen des Lärms, den die beiden Restaurants im Hüninger Rheinhafen, das ‹Schiff› und das ‹Dreiländereck› verursachen. Maire René Moebel beklagt sich in einem Schreiben an den Gesamtregierungsrat Basel-Stadt.

12 Der Cellist **Fritz Moser** ist im Alter von 96 Jahren gestorben. Seine berufliche Karriere begann er als Solocellist am Städtebundtheater Biel-Solothurn und beim Basler Kammerorchester. Er war lange Jahre Mitglied der Basler Orchester-Gesellschaft. Seit seiner Pensionierung widmete er sich vermehrt dem Komponieren. Er war auch passionierter Alpinist.

13 Bei einem Brand in Kleinhüningen kommen **vier Katzen** ums Leben. Die Wohnung im 3. Stock eines Mehrfamilienhauses wird stark beschädigt. Die Feuerwehr bekam den Brand rasch unter Kontrolle und barg fünf Katzen, von denen vier starben – trotz Reanimationsversuchen mit Sauerstoff durch die Basler Berufssanität. Zum Zeitpunkt des Brandes waren keine Menschen in der Wohnung.

14 Die **Voltamatte** wird von der Regierung als Fundstelle der Keltensiedlung ‹Basel-Gasfabrik› unter Schutz gestellt. Bis zu 90 Prozent der Siedlung werden und wurden im Rahmen der Überbauung des Areals notausgegraben – und dann durch Baumassnahmen zerstört.

15 815 Erdkröten, 530 Gras- und Wasserfrösche, 130 Molche, 63 Kreuzkröten, 2 Geburtshelferkröten und 2 Feuersalamander wurden **gerettet**. Mitarbeiter der Pro Rheno AG sammelten die Tiere in der ARA Basel ein und siedelten sie in den Langen Erlen wieder aus.

15 Mit dem Kurs ‹**Fit für Basel**› und der Broschüre ‹Wegleitung zur Einbürgerung› hat die Bürgergemeinde der Stadt Basel zwei Kurse im Angebot, die Integrationswillige auf dem Weg zur Einbürgerung helfen sollen.

16 Wie heute bekannt wird, war der **Leerstand** von Gewerbeflächen noch nie so hoch: Es sind 233 600 m². Stichtag war der 1. Juni 2007.

17 Die Stadt Basel tritt auf lokaler Ebene der ‹Europäischen Charta für die **Gleichstellung von Frauen und Männern**› bei.

18 Mit der Ausstellung ‹Die andere Sammlung› feiert die **Fondation Beyeler** 10 Jahre Stiftung in Riehen und 60 Jahre Galerie in der Innenstadt.

Einer von dreissig Furchtlosen

19 Gemsberg, Schnabelberg und Rümelinsplatz, so verläuft die Route des **5. Seifenkistenrennens.** Dreissig Seifenkistenfahrer treten an.

21 Das **Rheinschwimmen** fällt aus. Am heutigen Ersatztermin – der erste wurde wegen des Hochwassers verschoben – sind die Wetterprognosen so schlecht, dass das Schwimmen abgesagt wird. Es ist das erste Mal seit 27 Jahren, dass das Rheinschwimmen überhaupt nicht stattfindet.

22 Sommerzeit ist **Hochzeitszeit,** zumindest war das früher so. Regierungspräsidentin Eva Herzog begrüsst im Rathaus Hochzeitsjubilarinnen und -jubilare. 66 Paare feierten zwischen dem 11. Juni und dem 19. Juli ihre goldene, 12 ihre diamantene Hochzeit.

23 Das **Fundbüro** ist online. Ab heute gibt es den Dienst des Sicherheitsdepartements auch digital. Ist die Suche dort erfolglos, kann eine Verlustmeldung aufgegeben werden.

23 160 **Oldtimer** starten im Hof der Rundhofhalle der Messe zur Rallye Basel–Paris, der 17. ‹Raid Suisse–Paris›.

24 Tausende Kinder haben bis heute freiwillig im Zoo mitgeholfen und mitgearbeitet. Der **Kinderzolli,** in dem die Kinder Tieren wie Zwergziegen, Lamas oder Hühnern direkt begegnen können, feiert seinen 30. Geburtstag.

24 Ein Auto mit BL-Nummernschild wird bei der Parkplatzsuche innerhalb von zwanzig Minuten **drei Mal ‹geblitzt›.** Drei Mal passierte es die kurzzeitig installierte Radarmessstation in der Rührbergerstrasse zu schnell. Insgesamt ergibt sich eine Busse von 330 Franken.

24 Im Foyer des Theaters Basel feiert die ‹**Programmzeitung**› mit einer Buchvernissage und einem Kulturball ihr 20-jähriges Bestehen.

26 Der **Ausstellungsraum Klingental,** der 1974 in der Klingentalkirche eröffnet wurde, erhält mehr Geld. Der Regierungsrat spricht eine Subvention für die kommenden fünf Jahre in Höhe von 120 000 Franken pro Jahr. Dazu kommt die unentgeltliche Überlassung des Ausstellungsraums im Wert von jährlich rund 24 000 Franken.

27 38 Jahre lang war der Journalist **-minu** in der ‹Basler Zeitung› für den Klatsch zuständig. Zu seinem Abschied verkündet er, dass er die beliebte Kolumne nie gern geschrieben hat.

28 Für 300 Millionen Franken baut **Novartis** sein Werk Schweizerhalle aus. Damit schafft der

Pharma-Multi im Raum Basel 80 neue Arbeitsplätze.

29 Die Eröffnung der Ausstellung ‹Rot› im Museum der Kulturen ist Schlussstein und Ausgangspunkt zugleich: Es ist die letzte grosse Sonderausstellung vor dem Umbau – das Museum wird 2010 mit dem Dachaufbau von Herzog & de Meuron wiedereröffnet –, und es ist die erste Ausstellung der neuen Direktorin Anna Schmid.

30 Die Gebäudegruppe des Hotels **Les Trois Rois** (Blumenrain 2, 8–10) wird vom Regierungsrat ins Denkmalverzeichnis eingetragen. Sie umfasst den 1901–1903 als Sitz der Kantonalbank errichteten Kopfbau an der Schifflände und den traditionsreichen Hotelbau von 1842–1844.

30 Anwohner der **Grenzgemeinde Grenzach** beklagen sich über den Lärm aus dem Hafen Birsfelden. Sie fordern, zwei alte Kräne im Hafen Birsfelden zu ersetzen. Der Betreiber verweist darauf, dass bereits ein Kran saniert wurde und die Sanierung des zweiten im Herbst folgt.

September

1 Es gibt einen **neuen Marktplatz** in der Stadt: Seit heute findet jeden Samstag auf dem Vorplatz der Voltahalle der St.-Johanns-Markt statt. Er startet mit 14 Ständen.

1 Die **Schweizer Grenzwacht** löst am EuroAirport die Basler Polizei bei den Grenzkontrollen ab. Ausserdem übernimmt sie von der Polizei auch die Kontrollen am Bahnhof SNCF und am Badischen Bahnhof.

2 Von Freitag, 31. August, bis heute fand in der Stadt das **Jugendkulturfestival 2007** statt. 1600 Künstler in 170 Formationen traten an den drei Tagen auf. Es kamen rund 50 000 Besucher.

2 Ihre 100. Geburtstage feiern heute **Bertha Stohler-Kurth** und **Ruth Strahm-Müller**.

3 Das erste Basler **Minergie-P-Haus** ist fertig. In der Liegenschaft auf dem Bruderholz mit dem Namen ‹Cosy Place› können fünf grosszügige Wohnungen im oberen Preissegment bezogen werden.

3 2006 wurden im Kanton Basel-Stadt 12 224 **Versuchstiere** weniger verwendet als im Vorjahr, insgesamt waren es 183 501. 99 Prozent von ihnen waren Labornagetiere (Mäuse,

Ratten, Gerbils, Hamster und Meerschwein-
chen), die anderen waren Kaninchen, Hunde,
Fische, Primaten, Amphibien und Vögel. Die
Zahl der für Versuche eingesetzten Primaten
betrug 245, das sind 15 weniger als im Vorjahr.

4 Im **Basler Zolli** ist ein junges Wildhund-Männ-
chen aus dem Wurf vom Oktober 2005 über
einen Elektrozaun gesprungen und in den
Wassergraben des Löwengeheges gefallen. Die
Löwen zogen ihn aus dem Wasser, und einer
von ihnen tötete den Hund schnell mit einem
gezielten Biss. Der Zaun wurde errichtet,
nachdem sich bereits im März ein ähnlicher
Zwischenfall ereignet hatte.

5 Der Bahnhofsvorplatz ist schon mit **Euro-2008-
Flaggen** geschmückt. Diese müssen nun aus-
getauscht werden, nachdem sich ein Pleite ge-
gangener Hauptsponsor zurückgezogen hat.
Die Uefa bezahlt den Wechsel der 60 Flaggen.

6 Im Kanton Basel-Stadt ging die **Zahl der Arbeits-
losen** im vergangenen Monat um 78 auf 3024
zurück. Die Arbeitslosenquote sank in Basel-
Stadt von 3,2 auf 3,1 Prozent. Landesweit stieg
sie von 2,5 auf 2,6 Prozent.

7 In der Karthäuserkirche feiert die **Demokra-
tisch-Soziale Partei** ihr 25-jähriges Bestehen.

Der Nahostexperte Arnold Hottinger hält die
Festansprache mit dem Titel ‹Zusammenleben
oder Streit mit dem Islam›.

8 Im Volkshaus feiern beim diesjährigen
Jungbürgerfest 580 Jungbürgerinnen und
Jungbürger aus Basel, Riehen und Bettingen.

9 Zwischen Mittlerer Brücke und Kaserne wurde
am Wochenende das **Multikulti-Festival** ‹Basel
lebt› gefeiert.

10 Die **Pilzkontrolle** Basel-Stadt öffnet die Türen –
damit ist die offizielle Pilzsaison eröffnet.

10 In der deutschen **Nachbargemeinde Weil am
Rhein** leben 299 Schweizer.Dies bedeutet
eine Zunahme um fast 50 Prozent in den
letzten zehn Jahren. Die Schweizer stellen
nun 1,01 Prozent der Gesamtbevölkerung.

11 Der junge Basler Bariton Tobias Hächler ist
Finalist beim grössten deutschen Gesangs-
wettbewerb, der ‹Competizione dell' opera› in
Dresden. Insgesamt stellten sich 450 Sänge-
rinnen und Sänger aus der ganzen Welt der
internationalen Jury.

12 Der **Münsterplatz** wird saniert. Mit einer Petition fordern nun Heimatschutz und Denkmalpflege eine einheitliche Pflästerung des
Platzes. Stein des Anstosses sind nicht die

‹slowUp›

Pflastersteine, sondern die Strasse, die seit 1871 den Platz durchschneidet.

12 Am Abend treffen sich offiziell rund hundert Parlamentarier aus Basel, Freiburg im Breisgau und Mulhouse in der Aula des Museums der Kulturen. Ihr Ziel ist die Förderung der **Metropolregion Oberrhein**.

13 Das heute veröffentlichte regierungsrätliche **Budget 2008** des Kantons Basel-Stadt zeigt einen Überschuss von 222 Millionen Franken. Der höhere Überschuss ist in erster Linie auf die deutlich höheren Steuererträge sowohl von Unternehmungen als auch von natürlichen Personen zurückzuführen. Die Investitionen von 245 Millionen Franken können vollständig aus eigenen Mitteln finanziert werden.

14 Der **Stadtrat von Winterthur** hat sich heute vor Ort über die Basler Stadtentwicklung informiert. Er traf sich mit Baudirektorin Barbara Schneider zu einem Mittagessen und wurde abends im Rathaus zu einem Apéro mit Regierungsrat Guy Morin empfangen.

15 Nach drei Jahren Bauzeit strahlt das **Kunstmuseum** wieder in neuem Glanz. Die Sanierung kostete rund 18 Millionen Franken. Durch den Umzug der Verwaltung, der Bibliothek und

des Kunsthistorischen Seminars konnte die Ausstellungsfläche wesentlich vergrössert werden. Mit einen Fest wird dies heute gefeiert.

16 Im **Tierpark Lange Erlen** wird nach gut einem Jahr Bauzeit ein Erlebnishof eröffnet. Der Tierpark will ein Fenster zur Natur der Region sein. Im Erlebnishof sind heimische Nutztiere zu sehen.

16 45 km Strassen im Dreiland sind für Radfahrer, Inlineskater und Fussgänger reserviert. Bei schönstem Spätsommerwetter nehmen schätzungsweise 4000 Menschen am sogenannten ‹**slowUp**› teil.

17 An der Universität beginnt das **Wintersemester** – mehr als einen Monat früher als sonst. Grund ist die Vereinheitlichung der Semesterzeiten an allen Schweizer Universitäten.

17 Der langjährige Gewerkschaftsfunktionär **Jost Amet** ist heute im Alter von 53 Jahren gestorben. Er war Verhandlungspartner zunächst in der Gewerkschaft Chemie, Textil, Papier, anschliessend in der Gewerkschaft Bau und Industrie und schliesslich in der Unia.

18 **Marguerite Voegelin** wird 100 Jahre alt.

18 Der Basler Jazzpianist und Komponist **George Gruntz** wird im Rathaus vom Regierungsrat

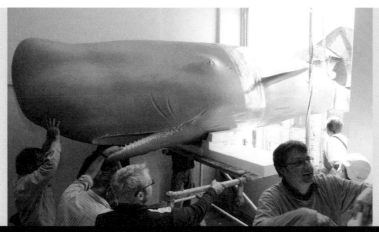

Ein Wal in Basel

für sein Lebenswerk geehrt. George Gruntz feierte in diesem Jahr seinen 75. Geburtstag und das 35-jährige Bestehen seiner Concert Jazz Band.

19 Über der Augustinergasse schwebt ein **Walfisch**: 7,5 m lang und 250 kg schwer ist das Modell eines Pottwals, das mittels eines Krans ins Naturhistorische Museum transportiert wird. Das massstabsgetreue Modell eines dreijährigen Tieres ist dort in der Ausstellung ‹Tiefsee› zu sehen.

20 Ihren 100. Geburtstag feiert **Walburga Sutter-Heber**.

20 Die Finanzierung der Basler **Systembiologie** ist gesichert: Der Nationalrat verabschiedet das Budget für Bildung und Forschung 2008 bis 2011. 25 Millionen Franken pro Jahr oder insgesamt 100 Millionen Franken sind für das ETH-Departement Biosystems, Science and Engineering reserviert. Dazu kommen 25 Millionen Franken jährlich für das Netzwerk SystemsX.ch, an dem die Uni Basel beteiligt ist. Die beiden Basel haben das ETH-Departement mit einer Anschubfinanzierung von 20 Millionen Franken unterstützt. Nun ist das Zentrum finanziell unabhängig.

21 Die **Gellertkirche** wird ausgebaut. Heute beginnen die Bauarbeiten, die 1,25 Millionen Franken kosten werden. Die Gellertkirche ist eine der wenigen Kirchen der Evangelischreformierten Landeskirche, die nicht über schwindende Kirchenbesuche klagt.

22 In der Laufenstrasse schütteten Jugendliche Benzin aus dem Tank eines ‹Töfflis› in die Kanalisation und warfen brennendes Holz hinterher. Die Benzindämpfe entzündeten sich explosionsartig. Einen **Dolendeckel** hob es mehrere Meter in die Höhe, weitere wurden in Mitleidenschaft gezogen. Verletzt wurde niemand, die Feuerwehr musste aber die Kanalisation lüften. Die Jugendanwaltschaft ermittelt.

23 **Zwei Mal stimmen die Basler mit Ja**: Der Grossratsbeschluss vom 6. Juni 2007 betreffend Änderung des Schulgesetzes wird mit 22 567 Ja-zu 11 659 Nein-Stimmen angenommen. Für den Grossratsbeschluss vom 6. Juni 2007 betreffend die Volksinitiative ‹Für eine zügige Behandlung von Initiativen (Initiativen vors Volk!)› stimmen 30 417 Stimmberechtigte, 5243 stimmen dagegen.

24 Das **Lokalradio ‹Basilisk›** hat einen neuen Eigentümer. Die Zürcher Tamedia AG verkauft die

Radio Basilisk Betriebs AG an den Basler An-
walt und Medienunternehmer Martin Wagner.

26 5 Aspirantinnen und 12 Aspiranten der **Polizei-
schule** werden in der Martinskirche feierlich
vereidigt. Sie alle haben die Berufsprüfung mit
Erfolg bestanden. Regierungsrat Hanspeter
Gass nimmt ihnen als Vorsteher des Sicherheitsdepartements den Amtseid ab.

27 Hundehalter können Steuern sparen: Die **neue
Hundeverordnung** des Kantons sieht eine einmalige Reduktion der Hundesteuer um 50 Prozent vor, falls Hundehalter mit ihrem Hund
einen vom Veterinäramt anerkannten Hunde-
Erziehungskurs besuchen und anschliessend
eine praktische Prüfung bestehen.

29 Er wird definitiv gebaut: der **Roche-Turm** an
der Grenzacherstrasse. Er wird allerdings mit
154 m Höhe 6 m kleiner als bisher geplant.
Der Turm wird trotzdem das höchste Gebäude
der Schweiz sein.

29 Kommunikationsminister und Bundesrat
Moritz Leuenberger hält im Volkshaus erst-
mals einen Vortrag in **Gebärdensprache**.
Eingeladen wurde er vom Schweizerischen
Gehörlosenbund zu dem Abend mit dem Titel
‹Sound of Silence›.

Oktober

1 Das Reorganisationsprojekt ‹Optima› ist abgeschlossen. Die **Polizei** hat nun eine neue
Struktur mit drei operativen Abteilungen: die
Sicherheitspolizei, die Spezialformationen und
die Verkehrspolizei. Im Vorfeld gab es grosse
Diskussionen, der Polizeibeamtenverband
drohte sogar mit Streik, im Gundeli wurde
gegen die kürzeren Öffnungszeiten des
Postens protestiert.

2 Kurz nach 10 Uhr werden im **Bahnhof SBB**
die Schalterhalle und Teile der Passerelle von
der Polizei gesperrt. Grund dafür ist ein ver-
dächtiger Gegenstand – illegal deponierte
Fischabfälle, wie sich später herausstellt.

2 Die kantonale Stelle Integration Basel, die
Wirtschaftsverbände, Gewerkschaften, Mi-
grantenvereine und Private lancieren eine
Plakat- und Inseratekampagne ‹**Basel zeigt
Haltung**›. Die Allianz ist eine Reaktion auf das
Schwarze-Schaf-Plakat der SVP, welches viele
als fremdenfeindlich kritisieren.

3 Im vergangenen Sommer hat die IG Rheinbogen mit ihrer **Solarfähre** rund 5000 Fahrgäste
zwischen Dreiländereck und -brücke trans-

portiert. Die Fähre verkehrte jeweils sonntags und absolvierte 1000 Fahrten.

4 Mit einer Wasserstrahldusche der EuroAirport-Feuerwehr werden zwei Airbus-Flugzeuge des Typs **A340** getauft, eines auf den Namen ‹Basel›, das andere ‹Liestal›. Die Namen werden überall zu lesen sein, wo die beiden Grossraumflugzeuge mit 280 Plätzen landen, so in Johannesburg, Kairo, Tokio, Santiago de Chile und Los Angeles.

6 Die Fernsehshow ‹**Wetten dass..?**› wird live aus der St. Jakobshalle übertragen – zum zwölften Mal bereits. Für die Saalwette sollte sich der Münsterplatz in einen Dschungel verwandeln, was er auch tat: Hunderte kamen als Tiere oder Tarzan auf den Münsterplatz. Warum aber der Platz sich ausgerechnet als Dschungel anbietet, das weiss so genau niemand.

6 In der Kaserne wird **königlich gefeiert**: ‹Les Reines Prochaines› – die Bühnencombo mit Hang zur skurrilen Performance – begeht ihr 20-jähriges Bühnenjubiläum.

8 Ein **Tram brannte** mitten auf der Mittleren Brücke. Der Triebwagen hatte Feuer gefangen, daraufhin hatte der Fahrer umgehend die Bahn gestoppt. Die anrückende Feuerwehr bekam den Brand rasch unter Kontrolle. Die Mittlere Brücke war für eine halbe Stunde gesperrt.

9 Weniger Kochhauben in Basel: Bei den Auszeichnungen des ‹Gault Millau› (der Gourmetführer vergibt Kochhauben) kommt Basel bloss noch auf **8 Gastrotempel**, in Zürich sind es derer 49.

10 Das **Lebensmittelinspektorat** hat zwölf Metzgereien und Fleischtheken der Grossverteiler untersucht. Bei elf von ihnen fanden die Prüfer Ware, die zu viele Verderbniserreger enthielt. Diese sorgen dafür, dass «es im Magen des Konsumenten rumpelt», wie das Lebensmittelinspektorat mitteilt.

10 Die Bar ‹**Baragraph**› ist umgezogen. Nach acht Jahren hinter dem Spiegelhof startet sie heute am Kohlenberg 10.

11 Ihren 100. Geburtstag feiert **Anna Herrmann-Kimmli**.

11 Wegen eines **Brands im Dachstock** im Blumenrain 12 war der Tramverkehr zwischen 17 Uhr und 18.42 Uhr unterbrochen. Damit die Feuerwehr die Drehleiter vor dem Haus ausfahren konnte, mussten die BVB den Strom der Oberleitungen ausstellen.

klar.sozial

Eine Basler Ständerätin und ein Baselbieter Ständerat

11 Am Autobahnzoll Basel/Weil wird bei der Kontrolle eines rumänischen Lastwagens ein **ausgestopfter Bär** beschlagnahmt. Es lag keine Einfuhrbewilligung vor.

13 Nach fünf Tagen gibt es schon wieder einen Feuerwehreinsatz auf der Mittleren Brücke: Ein **Schwan** hält Polizei und Feuerwehr auf Trab: Er spaziert über die Fahrbahn und gefährdet so die Verkehrsteilnehmer – vor allem aber sich selbst. Schliesslich greift die Feuerwehr ein. Mit einem grossen Netz fängt sie den Schwan ein und transportiert ihn in einer Kiste ab.

15 Der Schweizer Tierschutz gibt bei seiner Bewertung Schweizer Zoos dem Basler **Zolli gute Noten**, verteilt aber auch Rügen. Im Vergleich mit den anderen grossen Zoos in Bern und Zürich handle der Zoo Basel «am wenigsten progressiv». Der Tierschutz kritisiert einzelne Anlagen und nennt dabei auch neue Gehege: «eher enttäuschend vom Platzangebot her». Der Zoo Basel freut sich über die grundsätzlich guten Noten, wie eine Sprecherin mitteilt. Allerdings wundere man sich, dass die Haltung der asiatischen Elefanten gerügt werde, habe der Zolli doch afrikanische

Elefanten. Bei den alten Anlagen sind Verbesserungen in Planung.

16 Die **Fachmesse ‹Holz›** öffnet zum 19. Mal ihre Türen. Gegründet wurde sie vor 50 Jahren. Bis 19. Oktober werden 40 000 Besucher in der Mustermesse erwartet.

17 **Elsa Buri-Richard** feiert ihren 100. Geburtstag.

19 Das **Zunfthaus zum Schlüssel** an der Freien Strasse (erbaut 1488) strahlt in neuem Glanz und wird im Beisein von Regierungspräsidentin Eva Herzog feierlich eröffnet. Die sanfte Renovation kostete 3,5 Millionen Franken.

20 In der dicht gefüllten Aula der Universität hält Arthur Cohn einen Abendvortrag mit dem Titel ‹**Tagebuch eines Filmproduzenten**›.

21 Die beiden Basel werden künftig im **Ständerat** von zwei SP-Mitgliedern vertreten: Wiedergewählt wird in Basel-Stadt Anita Fetz, neu schafft in Baselland Claude Janiak den Sprung in die kleine Kammer.

Bei den Eidgenössischen Wahlen in den **Nationalrat** werden gewählt:

Liste 1, FDP: Peter Malama, 10 186 Stimmen; Nachrückender: Urs Schweizer, 7039 Stimmen

Liste 5, SP: Ruedi Rechsteiner, 26 188 Stimmen, und Silvia Schenker, 20 563 Stimmen;

Dort, wo auch er schon stand

Nachrückender: Beat Jans, 18 461 Stimmen
Liste 8, Grünes Bündnis: Anita Lachenmeier-
Thüring, 6864 Stimmen; Nachrückender:
Michael Wüthrich, 6368 Stimmen
Liste 12, SVP: Jean Henri Dunant, 12 554
Stimmen; Nachrückender: Sebastian Frehner,
10 512 Stimmen
Die Wahlbeteiligung betrug 52,42 Prozent.

21 Der 1921 in Berlin geborene **Ernst Ludwig Ehrlich**
ist im Alter von 86 Jahren in Riehen gestor-
ben. Der Judaist war einer der wichtigsten
jüdischen Repräsentanten in Europa.

22 In Kleinhüningen ist Baustart des ‹**Science
Parks**›. Ein altes Ciba-Lagergebäude wird von
dem privaten Investor Tivona speziell für
Life-Science-Firmen umgebaut.

24 Carena Schlewitt, die bisherige Kuratorin am
Berliner Theater Hebbel am Ufer, wird zur
designierten **Leiterin der Kaserne** ernannt. Damit folgt der Vereinsvorstand der Empfehlung
der Findungskommission. Frau Schlewitt
beginnt ihre neue Arbeit am 1. Februar 2008.

25 Auf dem Dreispitz beginnt heute das **Festival
‹shift›**. Es widmet sich den elektronischen
Künsten und dauert bis 28. Oktober.

27 Um 12 Uhr läutet wieder die Glocke der
Martinskirche die **Herbstmesse** ein. Es ist die
537. Ausgabe, die mit einer Neuheit beginnt:
Alle Bahnen spielen zur ersten Runde
das Lied ‹Martinsglöggli› von Barbara Kleiner
und Werner Vögelin.

28 In nur 61 Minuten gewinnt **Roger Federer** das
Finale der ‹Davidoff Swiss Indoors›. Es war das
kürzeste Endspiel in der Turniergeschichte.

29 Die für Rinder gefährliche **Blauzungenkrankheit**
ist nun auch in der Schweiz ausgebrochen: In
Bettingen wurden sieben Tiere positiv getestet
und mussten eingeschläfert werden.

29 Bei 6 °C Lufttemperatur springen im Sportbad
St. Jakob 150 Schwimmer ins kalte Wasser.
Mit dieser Aktion wird eine Petition für eine
Ballonhalle im St. Jakob lanciert.

31 Rund 500 Gäste feiern mit einem Apéro den
60. Geburtstag des **Kultrestaurants ‹Atlantis›** am
Klosterberg.

31 Das **Kirchenblatt ‹Kirche heute›** hat einen neuen
Chefredakteur: Alois Schuler übernimmt das
Amt von Josef Bieger-Hänggi. Das Blatt ist zuständig für 71 römisch-katholische Pfarreien in
der Nordwestschweiz und hat eine Auflage
von 70 000 Exemplaren.

Streik auf der Baustelle St. Jakob-Turm

November

1 Im Rahmen landesweiter **Streiks** wird auch auf Baustellen in Basel die Arbeit niedergelegt: Rund 500 streikende Bauarbeiter sind es laut Gewerkschaft, die Baumeister hingegen sprechen von 50 bis 70.

1 Der in Basel geborene Künstler **Jürg Kreienbühl** ist in Cormeilles-en-Parisis im Alter von 74 Jahren gestorben.

2 Mit einem Konzert der kalifornischen Sängerin Suzanne Vega und der A-capella-Formation The Flying Pickets wird am Abend die diesjährige **AVO Session** eröffnet.

4 Als grösster Star der AVO Session tritt in diesem Jahr **Joe Cocker** auf, er gibt heute und morgen ein Konzert, beide sind ausverkauft.

5 Die Berufsfeuerwehr und die Chemiewehr Johnson Controls mussten im Hafenbecken II **einen lecken Container abdichten**. Aus ihm trat die giftige bzw. ätzende Chemikalie Chlorbenzaldehyd aus. Die Einsatzkräfte deponierten die insgesamt drei Container in einer Auffangwanne und schlossen das Leck. Laut Staatsanwaltschaft ergaben erste Untersuchungen, dass die Container nicht als Gefahrgut

deklariert waren. Weshalb sie falsch deklariert wurden, ist nun Gegenstand der Ermittlungen.

7 Feierliche Grundsteinlegung für das **Stücki-Einkaufszentrum** in Kleinhüningen. Es soll das grösste seiner Art im Dreiland werden und im Herbst 2009 seine Tore öffnen.

7 Beim Übergang Basel-Burgfelderstrasse wurde ein **Grenzwächter** bei einem Grenzdurchbruch verletzt. Als die Beamten zwei jugendliche Insassen eines verdächtigen Fahrzeugs kontrollieren wollten, gab der Lenker plötzlich Gas. Dabei wurde der Mann am Bein erfasst und zu Boden geschleudert. Er musste von der Sanität Basel in die Notfallstation gebracht werden.

8 Das Baugesuch der **Brauerei ‹Unser Bier›** im Gundeli wird nach einigem Hin und Her bewilligt. Somit kann sie auf dem Gelände des Gundeldinger Felds doch noch eine neue Brauanlage bauen. Ursprünglich bestand die Regierung auf der Umsetzung des Zonenplans.

9 Die **Rheinhäfen beider Basel** haben im Jahr 2007 bis Ende des dritten Quartals 5,4 Prozent mehr Umschlag verzeichnet als in der Vergleichsperiode des Vorjahrs. Insgesamt wurden bis

Ende September 5,33 Millionen t Güter um-
geschlagen.

11 Der **Pausenplatz** des Volta-Schulhauses wurde
neu gestaltet. Dies geschah im Rahmen des
Ideenwettbewerbs ‹St. Johann denkt› der
Christoph Merian Stiftung. Die Pausenplatz-
kommission verwirklichte das Projekt gemeinsam mit dem Kinderbüro Basel, dem Rotary-
Club Basel-St. Jakob, dem Hochbauamt, der
Stadtgärtnerei sowie dem Ressort Raumbewirt-
schaftung des Erziehungsdepartements.

12 Seinen 100. Geburtstag feiert **Paul Schneider-
Urban**.

12 Während der 537. **Herbstmesse** wurden von der
Polizei 680 Personen kontrolliert, die meisten
von ihnen auf dem Kasernenareal. 13 Personen
erhielten ein Platzverbot. Gemeldet wurden
bis Messeschluss vier kleinere Diebstähle, ein
Taschendiebstahl und zwei Sachbeschädigungen. Diese Bilanz gibt die Kantonspolizei
bekannt.

14 Die **beiden grossen Kirchen** im Minus: Die Evan-
gelisch-reformierte Kirche Basel-Stadt geht für
das kommende Jahr erneut von einem Defizit
im Kirchenbudget von 842 000 Franken aus.
Die Römisch-Katholische Kirche Basel-Stadt

rechnet für 2008 mit roten Zahlen in Höhe von
über einer halben Million Franken.

14 Der Schriftsteller Franz Hohler eröffnet mit
einer Lesung das diesjährige **Bücherschiff** an
der Schifflände. Das Bücherschiff ankert dort
bis zum 28. November.

15 Die Erziehungsdirektoren der Kantone Basel-
Stadt und Basel-Landschaft, Christoph Eymann
und Urs Wüthrich, geben den Standort der
neuen **Life-Science-Institute** bekannt. Es sind
dies die Stadtareale Schällemätteli und Volta.

18 Im Grossen Festsaal der Messe Basel findet
die **Schweizer Cocktailmeisterschaft 2007** statt.

19 Der Jazzveranstalter Urs Blindenbacher wird
im Rathaus mit dem **Kulturpreis 2007** ausgezeichnet. Blindenbacher organisiert seit
dreissig Jahren Konzerte in der Stadt, so auch
das alljährliche Jazzfestival im Frühjahr.

19 In China wird die **Städtepartnerschaft** zwischen
Basel und Schanghai besiegelt. Für die Stadt
Basel unterschreibt Regierungsrat Carlo Conti
den Vertrag.

20 Es ist Vorweihnacht: Seit heute leuchtet die
Stadt im **Weihnachtsglanz**. Basel rühmt sich der
längsten Weihnachtsstrasse Europas; sie führt
vom Aeschen- zum Messeplatz.

Mit den Weihnachtslichtern wird auch eine Lichtinstallation am **Georgsturm** eingeschaltet: 280 Warnblinklichter verzaubern bis zum 25. November nachts das Münster.

21 Die **Grünen Basel-Stadt** haben eine neue Parteispitze. Nur einen Monat nach der Wahl ihrer langjährigen Präsidentin Anita Lachenmeier in den Nationalrat wird der Biologe und Grossrat Jürg Stöcklin als Präsident gewählt. Stöcklin sitzt seit 1997 im Grossen Rat, präsidierte von 2000 bis 2003 die Reformkommission des Kantonsparlaments und ist zurzeit Mitglied der Finanzkommission.

22 Die Regierung beschliesst nach langem Hin und Her ein neues Konzept für die **Parkplatzbewirtschaftung**. Wichtigste Neuerung: Die Gratisparkplätze auf der Allmend sollen schrittweise wegfallen.

26 Es war mehr als ein Jahr geöffnet, sein Umbau wurde als vorbildlich prämiert. Trotzdem muss das ‹**Coumou**›, das Restaurant im Kunstmuseum, schliessen. Das bisherige Konzept hat nicht funktioniert.

29 Die Basler Regierung unterstützt eine Aktion von vier Menschenrechtsorganisationen **gegen die Todesstrafe**. Um 17.45 Uhr läutet das Rathausglöcklein, anschliessend ist im Ratssaal eine Infoveranstaltung. Weltweit wird an diesem Tag in 600 Städten gegen die Todesstrafe mobil gemacht.

30 Die Universität feiert den **Dies Academicus**. Bei der Feier in der Martinskirche werden neun Ehrendoktortitel vergeben. Und die Uni hat einen weiteren Grund, sich zu freuen: Die Zahl der Studierenden stieg abermals an. Im Wintersemester haben sich 11 207 Studierende eingeschrieben, dies ist eine erneute Zunahme um über fünf Prozent.

Sturm in Basel

Dezember

1 Der Antrag, die Skulptur ‹Luminator› von **Jean Tinguely** während der Art und der Euro 2008 wieder in der Schalterhalle des Bahnhofs SBB zu präsentieren, wird von der SBB abgelehnt. Als Grund wird die Lesbarkeit der Anzeigetafeln angegeben, die durch die vorhandene Werbung schon genügend beeinträchtigt sei.

1 Im Hotel Hilton feiert der **Schwingerverband Basel-Stadt** sein 100-jähriges Bestehen. Regierungsrat Carlo Conti überbringt die Glückwünsche der Regierung.

2 In Luzern werden die **Spielgruppen für die Fussball-EM 2008** ausgelost: Das Eröffnungsspiel am 7. Juni wird Tschechien gegen die Schweiz bestreiten. Weiter spielen Portugal und die Türkei in Basel.

3 Ein Sturm zieht über die Stadt. Am Centralbahnplatz wirft er einen **Christbaum** um, obwohl dieser mit einem Seil gesichert war; er muss jetzt ersetzt werden. Des Weiteren reisst der Sturm ein halbes Dutzend Baublachen mit.

4 Die **Schäden der Erbeben** vom Frühjahr belaufen sich nach neuesten Berechnungen auf 9 Millionen Franken. Von der Versicherung der Geopower Basel AG wurde bisher eine Summe von 2,4 Millionen Franken ausbezahlt. Es wurden insgesamt 2565 Schäden gemeldet.

6 Über Radio Beromünster klang ihre Stimme in vielen Schweizer Stuben: Die ehemalige Radiosprecherin **Helli Stehle** feiert ihren 100. Geburtstag.

6 Vier Monate früher als geplant kann Regierungsrätin Barbara Schneider den erneuerten **Wettsteinplatz** einweihen. Ebenfalls abgeschlossen ist die Sanierung der angrenzenden Theodorsanlage.

8 Rund fünfzig **Weihnachtsmänner** fuhren mit Harley-Davidson-Maschinen vom Messe- zum Marktplatz. Dort konnten die Maschinen und die Männer bewundert werden.

9 Die **Regio-S-Bahn** hat einen neuen, schmucken Halt: Der umgebaute Bahnhof in Riehen wird eröffnet, pünktlich zum Fahrplanwechsel der SBB.

10 **Dora Lavanchy-Wehrle** feiert ihren 100. Geburtstag.

10 Am Rhein sollten neue **Rettungsringe** in knallroten Kästen installiert werden. Stadtbildkommission und Denkmalpflege sprachen sich

Der ‹Basler Stern› für Buddy Elias

dagegen aus. Nun verbietet die Allmend-
verwaltung das Aufstellen.

11 Sie gehörte zu den Frauen, die am 3. Februar
1959 den spektakulären Lehrerinnenstreik
organisierte. Zur Erinnerung: Die Frauen
kämpften für das Frauenstimmrecht. **Dora
Allgöwer-Frey** feiert ihren 100. Geburtstag.

11 Mit einer Retrospektive im Kultkino Camera
feiert der **Filmvertrieb Trigon** sein 20-jähriges
Bestehen.

12 Die **Christkatholische Kirche** des Kantons
Basel-Stadt rechnet mit einem Betriebsdefizit
von 192 500 Franken im Budget 2008. Nach
diversen Zuschüssen aus verschiedenen
Fonds resultiert ein Ausgabenüberschuss von
2500 Franken.

13 Der Pharmakonzern Novartis streicht weltweit 2500 Stellen, davon 500 in der Schweiz.
Für die Region Basel bedeutet das wohl
400 Arbeitsplätze weniger. Der Regierungsrat
bedauert dies sehr und erwartet «einen sehr
guten Sozialplan für die betroffenen Mitarbeitenden».

14 Die Umgestaltung der **Elisabethenanlage** geht
voran. Heute wird der letzte Baum gepflanzt,
es ist eine Eiche.

15 Auf dem Matthäuskirchplatz ist **Zimtmarkt**.
66 Marktstände umfasst er in diesem Jahr.

16 Ohne besondere Vorkommnisse ging, so die
Kantonspolizei, der erste **verkaufsoffene
Sonntag** vor Weihnachten über die Bühne. Die
Verkäufe lagen bei den meisten Geschäften
über denen des Vorjahres.

17 Für ihn ist es die Rolle seines Lebens: Buddy
Elias' Einsatz für den Anne-Frank-Fonds. Der
82-jährige Schauspieler kämpft gegen
Rassismus und Fremdenfeindlichkeit, indem er
weltweit Schulen besucht und den Kindern
und Jugendlichen von seiner berühmten
Cousine erzählt, die in den letzten Kriegstagen
im Konzentrationslager starb. Für sein
Engagement wurde er mit dem **13. ‹Basler
Stern›** ausgezeichnet.

18 Die Messe Schweiz sagt die für Mai 2008
terminierte Buchmesse **‹BuchBasel›** ab. Das
Literaturfestival, ein Herzstück der Messe,
hat angekündigt weiterzumachen.

20 Wer in den 70er bis 90er Jahren Taschen-
bücher las, kennt seine Werke: **Celestino Piatti**.
Der Grafiker schuf Buchumschläge, Plakate,
Kinderbücher und vieles mehr. Berühmt
wurde er mit der Gesamtgestaltung der

Weihnachten nicht alleine

dtv-Taschenbücher. Piatti ist im Alter von 85 Jahren in Basel gestorben.

21 Littering und verstreutes Taubenfutter sind die Gründe für die zunehmende Zahl der Ratten in der Stadt. Deshalb wurden an der Schützenmattstrasse, zwischen Schützengraben und Eulerstrasse, und am Claraplatz die Grünflächen durch Plastikbänder abgesperrt: In den Rabatten wurden **Rattenfallen** aufgestellt.

22 Es ist endlich kalt. Die **Königspinguine** im Zoo freut es, sie dürfen jetzt wieder täglich spazieren gehen – dies wiederum zur Freude der Zoobesucher. Der Gang wird den Tieren bei Temperaturen von unter 10 °C erlaubt.

24 Am Morgen führt eine **Auffahrkollision** zwischen zwei Trams der Linien 14 und 15 zu einem Chaos in der Innenstadt. Der Trambetrieb wird für anderthalb Stunden unterbrochen.

25 7300 Menschen, die Weihnachten nicht alleine feiern wollen, kommen ins ‹Union› zur **Kundenweihnacht des CVJM Kleinbasel**. Beinahe hätte der Platz nicht für alle gereicht. Die rund fünfzig freiwilligen Helfer mussten Extratische aufstellen.

28 Die **Fasnachts-Plakette 2008** wird im Volkshaus-Saal präsentiert. Das Motto lautet ‹Mir spiile us›. Gestalter der Plakette ist Pascal Kottmann, er hat auch schon die diesjährige entworfen.

30 Im Dachstock des **Hotels Rheinfelderhof** ist ein Feuer ausgebrochen. Der Feuerwehr gelingt es rasch, den Glimmbrand einzudämmen. Da keine Gäste im Hotel waren, musste niemand evakuiert werden.

31 Bei eisiger Kälte feiern die Baslerinnen und Basler das **Jahresende** und Neujahr. Eher besinnlich mit Turmbläsern auf dem Münsterplatz oder am Rheinufer mit Feuerwerk.

Anhang

Bildnachweis

Die Abbildungen stammen bis auf die hier aufgeführten von Xenia Häberli.

S. 73, 74: TEB Trinationaler Eurodistrict Basel; S. 109: Christian Vogt; S. 137: Jürg Kreienbühl, ‹Frühling im Jardin des Plantes›, Dispersion, 1989–1991, Kunstsammlung der Christoph Merian Stiftung; S. 161–164: Archäologische Bodenforschung Basel-Stadt; S. 172, 174 unten: Gerhard Hotz; S. 174 oben: Simon Kramis; S. 178: Susanne Schenker; S. 248: Hannes-Dirk Flury; S. 250, 251: Tino Briner; S. 254, 255: Micha Christen; S. 256: Pino Covino; S. 258: Christian Flierl; S. 260: Tanja Demarmels; S. 261: Tino Briner; S. 263: Attila Gaspar; S. 264: Dominik Plüss; S. 265: Andreas Frossard; S. 267, 268: Nicole Port; S. 270: Nicole Nars-Zimmer; S. 271: Roland Schmid; S. 273: Pino Covino; S. 276: Tino Briner; S. 277: Roland Schmid; S. 280: Kenneth Nars; S. 281: Dominik Plüss; S. 282: Andreas Frossard; S. 285: Roland Schmid; S. 286: Pino Covino; S. 287: Tino Briner

Autorinnen und Autoren

Ewald Billerbeck, S. 101

1945 in Basel geboren. Seit 1974 Journalist in Basel.

Thomas Bürgi, S. 29

1955 geboren. Seit 1999 Unternehmensberater; seit 2002 Professor für Interkulturelle Kommunikation und Internationales Management an der Fachhochschule Nordwestschweiz FHNW, Hochschule für Wirtschaft; Leiter des trinationalen Studiengangs International Business Management sowie Programme Director MBA der Heriot-Watt University/Edinburgh Business School an der FHNW.

Denise Cueni, S. 173

1982 in Laufen geboren. Studiert Germanistik und Geschichte.

Michel Ecklin, S. 191

1971 in Riehen geboren. Seit 2000 freischaffender Journalist und Texter in Basel; schreibt für zahlreiche Tageszeitungen und Zeitschriften in der Deutsch- und in der Westschweiz.

Roger Ehret, S. 221

1958 in Basel geboren. 1989–2003 Redaktor bei ‹Schweizer Radio DRS›; seit 2004 mit der ‹Rederei Ehret› selbstständig als freier Journalist, Autor, Gesprächs- und Projektleiter.

Christian Felber, S. 107

1952 in Aarau geboren. Seit 1994 Direktor der Christoph Merian Stiftung.

Xenia Häberli, Fotos

1983 in Binningen geboren und aufgewachsen; lebt und arbeitet in Basel und Luzern. Nach der Schule Ausbildung zur Fotografin in einem Studio für Werbefotografie in Riehen. Seit 2006 freischaffende Fotografin mit Schwerpunkt Porträt/Mode/Musik/Theater.

Peter Haenger, S. 169

1960 in Basel geboren. Promovierter Historiker. Lehrer am Gymnasium Muttenz. Vielfältige Veröffentlichungen, darunter zur Geschichte der Basler Mission in Westafrika und zur Geschichte des Fleischkonsums und des Metzgerhandwerks in Basel.

Andrea Hagendorn, S. 165

1961 in Karlsruhe geboren. Seit 2003 Leiterin des Ressorts Münsterhügel der Archäologischen Bodenforschung Basel-Stadt.

Thomas Held, S. 68

1946 in Zürich geboren. Der promovierte Sozialwissenschaftler und Germanist ist seit 2001 Direktor des Thinktanks Avenir Suisse.

Benjamin Herzog, S. 35

1972 in Riehen geboren. Freischaffender Journalist.

Ulrike Hool, S. 59, S. 65

Lic. phil. I. Seit 2005 Leiterin Öffentlichkeitsarbeit der Handelskammer beider Basel.

Gerhard Hotz, S. 173

1963 in Schaffhausen geboren. Seit 2002 Anthropologe am Naturhistorischen Museum Basel.

Villö Huszai, S. 125

1965 in Zürich geboren. Medien- und Literaturwissenschafterin. Arbeitet als Journalistin und Gymnasiallehrerin in Zürich.

Paul Jenkins, S. 19

1938 in Sunderland/GB geboren; lebt in Basel. 1972–2003 Archivar der Basler Mission/ Mission 21; ab 1989 auch Lektor für Afrikanische Geschichte an der Universität Basel; seit 2003 im Ruhestand.

Thomas Knellwolf, S. 86

1973 in Uzwil/SG geboren. Seit 2006 Basler Korrespondent des ‹Tages-Anzeigers›.

Michael Koechlin, S. 131

1951 in Wien geboren. Seit 2002 Leiter Ressort Kultur im Erziehungsdepartement des Kantons Basel-Stadt.

Simon Kramis, S. 173

1978 in Luzern geboren. Doktorand am Institut für Prähistorische und Naturwissenschaftliche Archäologie (IPNA) der Universität Basel.

Robert Labhardt, S. 169

1947 in Basel geboren. Studium der Germanistik und Geschichte; 1975 Promotion. Lehrer für Deutsch und Geschichte am Gymnasium Muttenz; seit 2003 Dozent für Geschichtsdidaktik an der Pädagogischen Hochschule der Fachhochschule Nordwestschweiz. Zusammen mit Niklaus Stettler und Peter Haenger Verfasser eines Buches über Basler Kaufleute im Sklavenhandel.

Fabian Link, S. 173

1979 in Basel geboren. Historiker.

Oliver Lüdi, S. 43

1962 in Achern geboren. Lehrer für Deutsch als Fremdsprache; freier Mitarbeiter der ‹ProgrammZeitung› Basel.

Kamil Majchrzak, S. 196

1976 in Wroclaw/PL geboren; lebt seit zwei Jahren in Basel. Jurist und Menschenrechtler. Seit Jahren arbeitet er als Journalist und ist derzeit Redaktor der polnischen Edition von ‹Le Monde Diplomatique›. Zu seinen Schwerpunktthemen gehören Globalisierung, Menschenrechte und Entwicklungszusammenarbeit.

Patrick Marcolli , S. 96

1970 geboren. Seit 2003 Redaktor im Ressort Basel-Stadt und stellvertretender Leiter des Ressorts Region der ‹Basler Zeitung›; seit Mai 2007 Leiter des Ressorts Basel-Stadt.

Martin Mattmüller, S. 151

1957 geboren. Wissenschaftshistoriker im Euler-Archiv Basel.

Liselotte Meyer, S. 173

1937 in Basel geboren. Seit 2003 ehrenamtliche Mitarbeiterin am Naturhistorischen Museum Basel.

Philip Meyer, S. 157
Ressortleiter Baselland, Dorneck / Thierstein bei der ‹Basellandschaftlichen Zeitung›.

Franz Osswald, S. 84
1962 geboren. Freier Journalist BR.

Felix Rudolf von Rohr, S. 241
1944 in Basel geboren; zünftiger Basler. Ehemaliger Politiker. Obmann des Fasnachts-Comités.

Beat Rütti, S. 179
1953 in Schönenwerd geboren. Archäologe; seit 1995 Leiter des Museums Augusta Raurica in Augst.

Aurel Schmidt, S. 137
1935 in Berlin geboren. 1962–2002 Redaktor der ‹Basler Zeitung›.

Walter Schneider, S. 73
1949 in Grevenbrück/Westfalen geboren. Landrat des Landkreises Lörrach; Präsident des Trinationalen Eurodistricts Basel.

Andreas Schuppli-Imhof, S. 98
1953 in Riehen geboren; lebt mit seiner Familie im St. Johannquartier in Basel. Ausbildung zum Rechtsanwalt. Leitet seit Mitte 2000 die Gemeindeverwaltung Riehen; zuvor 13 Jahre Departementssekretär in der kantonalen Verwaltung Basel-Stadt.

Dominique Spirgi, S. 117
1960 in Basel geboren. Seit 1995 als freischaffender Journalist/Redaktor und Texter tätig.

Wolf Südbeck-Baur, S. 214
1959 in Oldenburg geboren. Studium der katholischen Theologie an den Universitäten Freiburg i.Br. und Tübingen. Seit 1987 in der Schweiz journalistisch tätig; seit 1998 verantwortlicher Redaktor des ‹aufbruch, Zeitung für Religion und Gesellschaft›; seit 2000 Mitglied im ‹Pressebüro Kohlenberg›.

Anna Wegelin, S. 39
1965 geboren; lebt in Basel. Studium der Nordistik und Anglistik. Journalistin; seit 2002 Redaktorin für Basel-Stadt beim interkantonalen Kirchenboten (www.kirchenbote-basel.ch).

Monika Wirth, S. 227

1963 in Freiburg i.Br. geboren; lebt in Basel. Deutsch- und Sportstudium in Basel und München. Projektleiterin bei der Christoph Merian Stiftung und freie Journalistin.

Peter Wittwer, S. 148

1958 in Münchenstein geboren. Seit 1987 Redaktor in den Ressorts Baselland, Feuilleton und Basel-Stadt der ‹Basler Zeitung›.

Rolf Zenklusen, S. 77

1971 in Brig geboren. Dipl. Vermessungsingenieur HTL. Seit 1993 freier Journalist BR in Basel; Inhaber des Pressebüros ‹zenpress›.